편하게 만나는 프랑스 철학

베르그송과의
1시간

편하게 만나는 프랑스 철학

베르그송과의
1시간

초판 1쇄 인쇄 2020년 7월 3일
초판 1쇄 발행 2020년 7월 10일

—

지은이 이명곤
펴낸이 이방원
기획위원 원당희
편　집 송원빈 · 김명희 · 안효희 · 윤원진 · 정우경 · 최선희
디자인 양혜진 · 손경화 · 박혜옥
영　업 최성수　**기획 · 마케팅** 정조연
펴낸곳 세창출판사
출판신고 1990년 10월 8일 제300-1990-63호
주소 03735 서울시 서대문구 경기대로 88 냉천빌딩 4층
전화 02-723-8660　**팩스** 02-720-4579
이메일 edit@sechangpub.co.kr　**홈페이지** http://www.sechangpub.co.kr/
블로그 blog.naver.com/scpc1992　**페이스북** fb.me/scp1008　**인스타그램** @pc_sechang

—

ISBN　978-89-8411-950-5 02160

이 도서의 국립중앙도서관 출판시도서목록(CIP)은 서지정보유통지원시스템 홈페이지(http://seoji.nl.go.kr)와
국가자료공동목록시스템(http://www.nl.go.kr/kolisnet)에서 이용하실 수 있습니다.(CIP제어번호: 2020026252)

베르그송과의 1시간

1시간

편하게 만나는
프랑스 철학

이명곤 지음

세창출판사

1장

인류의 미래를 고뇌한
웅대한 영혼의 소유자

앨버트 휴즈Albert Hughes 감독의
영화 〈알파: 위대한 여정〉에는 어떻게 인간과 야생동물(늑대)
이 친구가 될 수 있는가 하는 흥미로운 이야기를 소설적 설정
을 통해 보여 주고 있다. 아직 인간이 모든 야생동물의 먹잇감
에 불과하던 시절, 사냥터에서 상처를 입고 혼자 남겨진 주인
공 역시, 상처를 입고 혼자 남은 우두머리 늑대와 일대일로 남
게 된다. 이 시점부터 영화가 끝날 때까지의 모든 이야기는 주
인공과 홀로 남은 늑대 사이의 미묘한 관계성의 발전을 묘사
하고 있다. 서로 간의 경계와 긴장, 의심과 동병상련의 연민,
미묘한 표정을 통한 상대방에 대한 이해 그리고 조금씩 싹트
는 우정…. 이렇게 어느덧 서로가 서로를 챙겨 주고 위로하는
관계로 발전한다. 영화의 마지막 장면에서 주인공의 마을에
도착한 늑대는, 자신을 부르는 동료 늑대들의 울음소리를 뒤

로하고 주인공의 마을에 남기로 결심한다. 마을에서 늑대는 새끼를 낳게 되고, 인류 역사상 최초의 '바둑이'가 탄생하게 된다. 사람에 따라서 관전포인트가 다양할 수 있는 영화임이 분명하다. 하지만 이 영화가 관객들에게 던지는 메시지가 있다면, 서로 종種이 다른 두 종족도 한 가족이 될 수 있으며, 그 과정은 이해와 소통 그리고 인내심을 요하는 길고 섬세한 과정이라는 메시지일 것이다.

철학자 베르그송은 과학의 발전이 인간의 모든 삶에 영향을 미치고 진화론이 인류의 역사를 새롭게 정립하고 있었던 때에, 그리고 민족 간의 적대감으로 인해 2차 세계대전의 전운이 감돌던 시기에 과학과 철학, 서로 다른 민족들이 화합하고 하나가 될 것을 촉구한 예언자의 정신을 가졌던 사람이다. 그는 늑대와 인간이 한 가족이 될 수 있었던 것처럼 지구상의 모든 민족이 정신적인 공동체가 될 수 있다고 믿었다. 한편으로는 과학이 인간을 이해하는 방식에 매우 큰 우려를 가지고 있었고, 다른 한편으로는 인류가 어떻게 전쟁을 피하고 '평화'를 지킬 수 있는지 고민한 철학자였다. 이를 위해 그는 당시의 모든 과학적 사상들을 섭렵하고 이를 철학적으로 재정립하고

자 했다. 또한 어떻게 인간이 도덕과 종교를 가지게 되었으며, 마침내 '인류애'라는 개념을 낳게 되었는지 숙고하였다. 다양한 분야가 서로 분리되어 마치 자아분열을 앓고 있는 것 같은 현대사회에서 소통과 화합 그리고 평화를 촉구하였던 행동파 철학자가 베르그송의 이미지이다. 비록 세계대전을 피하고 인류의 화합을 이루고자 한 그의 꿈은 이루어지지 않았지만, 그의 정신은 참으로 숭고하게 전해져 오고 있다. 오늘날 전 세계를 위협하고 있는 다양한 위기가 있다. 이를 감지하고 있는 지성인이라면 누구나 베르그송의 정신에 공감할 수 있을 것이다.

○ 행동하며 사색하고, 사색하며 행동하라

'앙리 베르그송Henri Bergson'은 노벨문학상을 받은 철학자이지만 그의 이름을 알고 있거나 그의 사상을 알고 있는 일반인들은 매우 드물어요. 그 이유가 무엇일까요?

1927년 베르그송은 철학자로서는 역대 두 번째로 노벨문학상을 수상했다. 철학자가 노벨상을 받는다는 것은 흔치 않은 일이다. 베르그송은 오이켄Rudolf Eucken(독일), 카뮈Albert Camus(프랑스) 그리고 러셀Bertrand Russell(영국)과 함께 노벨상을 수상한 4명의 철학자 중 한 사람이다. 물론 노벨상 수상이 곧 그의 '위대함'을 증명하는 것은 아닐 것이다. 왜냐하면 노벨상 수상자로 지명되었으나 개인적인 신념을 이유로 수상을 거절한 철학자 사르트르Jean-Paul Sartre도 있기 때문이다. 그러나 노벨상 수상은 분명 그의 삶과 저술들이 당시 사회와 학계에 많은 영향을 끼쳤다는 것을 의미한다. 그렇다면 세상의 주목을 끌고 사람들의 사고에 영향을 끼친 그의 사상은 무엇이었을까?

노벨상을 받은 철학자들 중에는 독일인이 1명, 영국인이 1명 그리고 프랑스인이 2명인데요. 수상자로 지명되었지만 거절했던 사르트르까지 합하면 프랑스 철학자가 무려 3명이나 되지요. 여기서도 우리는 프랑스 철학의 특징을 잘 알 수가 있답니다. 바로 그들의 철학이 항상 현실의 구체적인 삶과 긴밀히 연관되어 있었다는 것입니다. 즉 인류의 역사적 사건이나 미래 향방에 관한 보편적인 가치를 추구하였다는 것을 말해요. 이러한 프랑스 철학의 특성을 '구체적 철학' 혹은 '구체성의 철학'이라고 부르기도 한답니다.

사람들이 종종 인용하는 베르그송의 정신을 상징적으로 드러내는 명언에는 "행동하는 인간으로서 사색하고, 사색하는 인간으로서 행동하라"라는 말이 있다. 이 작은 명언에는 그의 사상적인 특징과 함께 프랑스 철학의 특징도 잘 드러난다. 베르그송의 철학에서 가장 기초적이고 중요한 용어들이 무엇인가를 묻게 되면 흔히 '지속', '흐름', '직관' 등을 말한다. 이들과 대립하는 용어들은 '멈춤', '고정화', '분석' 등일 것이다. 전자가 인문학적인 특성을 보여 주는 용어라면 후자는 과학적인 특성을 보여 주는 용어다. 즉 베르그송의 철학은 과학적인 사유와 방법론에 대립하는 정신이 기초하고 있으며, 디지털적인 사유보다는 아날로그적인 사유가 자리하고 있다. 그렇기 때문에 그는 사유와 행동 혹은 정신과 육체, 나아가 본능과 정신의 관계를 분리되거나 단절된 것이 아닌 지속으로 보았다. 이 모든 것이 생명의 분출이요, 하나의 생명 현상으로 보았다. 그렇기 때문에 인간의 삶에 대해 그가 가장 힘주어 말하고 있는 것은 인간의 의식(정신)은 본질적으로 통일체를 형성한다는 사실이며, 삶 전체를 하나의 통일된 자아로 형성해 낸다는 것이다.

베르그송은 의식의 통일성에 대한 사유가 현대인에게 특히 중요하다고 생각했습니다. 왜냐하면 그는 사회를 하나의 인격체로 고려할 때 현대사회는 마치 정신분열을 앓고 있는 인격이라고 생각했기 때문입니다. 다양한 분야와 영역이 매우 전문화되어 있지만 각 영역 간의 소통은 거의 불가능하다고 보았기 때문이지요.

베르그송은 '생生철학자' 그리고 '과학철학자'로 알려져 있다. 그가 생철학자로 알려진 것은 물론 그의 철학의 가장 핵심적인 주제가 '생명'이기 때문이다. 또한 과학철학자로 알려진 것은 '생명현상'을 다루는 데 있어서 진화론에 대한 해박한 지식을 가지고 있었고, 당시의 놀라운 과학적 성과들에 대해 거의 빠짐없이 고찰하면서 자신의 철학적 작업을 위해 수용하였기 때문이다. 그의 저서들은 당시의 생리학, 심리학, 진화론과 상대성이론이나 열역학과 같은 첨단 과학의 이론에 대해서도 자주 언급하고 있다. 하지만 아이러니하게도 '과학철학자'로 알려져 있는 베르그송의 주 관심사는 오히려

'형이상학'이었다. 어느 정도 베르그송의 철학에 조예가 있는 사람들에게 베르그송 철학의 윤곽을 말해 주는 용어 하나만을 들라고 하면, 많은 이들이 "직관의 형이상학La métaphysique de l'intuition"이라고 답하는 것이 그 이유다. 다시 말하면 그는 현대의 과학적 지식과 이론 그리고 놀라운 성과에 대해 형이상학적으로 반성한 철학자였다.

한편으로는 동시대 자연과학의 실증적인 성과들을 수용하고, 다른 한편으로 경험과 직관에 근거하여 이를 비판적으로 고찰한 것이 전통적인 형이상학과는 구분되는 그만의 특징이다. 형이상학을 인간적인 삶의 구체적인 현실 안으로 가지고 와서 접목시키는 것은 전형적인 프랑스 철학의 특징이라고 할 수 있으며, 베르그송의 철학은 이러한 프랑스 철학의 정점에 위치해 있다.

베르그송의 사상과 저서들은 유럽의 대중에게 비교적 잘 알려져 있지만 동양이나 국내에서는 잘 알려져 있지 않다. 아마도 그의 사상이나 저서가 복잡하고 어려운 과학적인 지식들을 내포하고 있기 때문일 것이다. 한마디로 자연과학과 인문학이 통일되어 있는 것이 그의 사상이고 저서들이다. 이 때문에 과학도들에게는 너무 철학적이고, 인문학도들에게는 너무 과학적이어서 접근하기가 쉽지 않다고들 말한다.

노벨문학상을 받은 위인에게는 그 상을 안겨 준 '작품'이 있으니, 베르그송에게 노벨상을 안겨 준 작품은 『창조적 진화L'Évolution créatrice』였답니다. 이 책에서 베르그송은 진화현상을 기존의 진화론자들과는 다른, 생명의 도약 그리고 인간 정신의 창조적 특성과 자유를 통해 심오하게 밝히고 있답니다.

그의 『창조적 진화』가 전 세계 지성인들의 주목을 끌고 또한 수많은 외국어로 번역된 이유는 바로 '과학적 사유와 철학적 사유의 통일성'에 있었다. 인간에 대한 올바른 이해는 인류의 미래를 선택하는 데 결정적인 역할을 한다. 당시의 과학적 사유(특히 실증주의적 사유)는 인간을 다분히 유물론적인 토대 위에서 고찰하고 있었다. 이러한 사유는 현대인의

• 베르그송이 입학한 대학은 프랑스의 천재들만이 입학할 수 있다는 파리의 〈고등사범학교(Ecole normale supérieur)〉였습니다. 일반대학의 모든 전공분야를 갖추고 있으며, 형식상 일반대학과 다름이 없지만, 이 대학을 졸업하면 주로 고위 공무직에 종사하게 된답니다. 프랑스 사람들이 "경제부장관이 되려면 〈고등사범학교 경제학과〉를 졸업하지 않으면 안 되지!"라고 농담 삼아 말하는 것은 이를 두고 하는 말입니다. 미국의 타임지는 유럽에서 인문학과 자연과학이 가장 뛰어난 학교로 이 학교를 선정하기도 하였습니다. 4년 동안 장학금을 받으면서 공부할 수 있지만, 행정직에 적성이 맞지 않는 순수 연구자 기질의 학생들은 2년 후 일반대학으로 편입하기도 합니다. 베르그송이 다양한 단체의 의장직에 임명되고 〈유네스코〉의 모체가 된 〈국제지적협력위원회(ICCI)〉의 초대 회장으로 선출된 것은 이와 무관하지 않습니다.

의식을 다방면으로 위협했다. 당시의 과학적 지식들이 가진 생명과 인간에 대한 오류들을 지적하고, 보다 통합적이고 올바른 인간에 대한 이해와 인류 미래의 올바른 방향을 제시하고자 한 것이 바로 이 책이었다. 그는 후일 『도덕과 종교의 두 근원』에서 이를 구체적으로 역설하였다.

○ '과학과 철학', 무엇이 문제인가

파리에서 유대인 출신 양부모의 손에 자란 베르그송은 고등학교 시절 수학경진대회에서 전국 1위를 차지할 만큼 뛰어난 수학 실력을 보였다. 그럼에도 그는 대학●에 입학한 후 고민 끝에 철학을 전공하기로 결정하였다. 후일 철학 교수가 되어 놀라운 성과를 보인 그는, 동시에 옥스퍼드 대학으로부터 '명예과학박사 학위'를 수여받았다. 이는 과학과 철학 혹은 자연과학과 인문학에 대한 그의 남다른 애착을 보여 주는 증거라고 할 수 있다.

고교 수학경진대회에서 베르그송이 제출한 주제는 「파스칼의 세 개의 원에 대한 풀이」였는데요, 그의 풀이는 『수학연감』에도 실렸다고 합니다. 고교생의 풀이가 『수학연감』에 실리다니, 어때요! 놀랍지 않나요?

베르그송 사상의 핵심을 말해 주는 용어들로는 "흐름의 철학", "지속의 철학", "직관의 형이상학" 등이 있다. 아마도 여기에 하나 덧붙이고 싶은 것이 있다면 "통일성의 철학"이 아닐까 한다. 그의 사유에는 물질과 의식, 인간과 자연, 예술과 철학, 사회와 종교 등 모든 것이 하나의 지평에 녹아 있으며, 서로 불가분하게 연계되어 있다. 베르그송에게는 물질이나 의식, 시간이나 공간 등 일체의 것이 분할할 수 없는 하나의 덩어리다. 그리고 그 어떤 것도 고정되어 있거나 정체되어 있는 것이 없으며, 지속이고 흐름이다. 그렇기 때문에 그에게 있어서는 인문학과 자연과학은 그 자체로 분리할 수 없이 서로 얽혀 있다. 이러한 그의 사유가 당시 세계 최고의 과학자라고 인정받던 아인슈타인의 '상대성원리'나 '시간 개념'까지도 비판할 수 있게 만들었던 것이다.

어떤 면에서는 베르그송의 학문적 방법과 목표는 데카르트의 사유를 잇는다고 해도 무리가 아닐 것이다. 데카르트의 학문적 방법은 "나 스스로에게 있어서 명석판명할 때까지 사유하는 것"이었기 때문에 그의 저작들에는 다른 사상가의 사상을 인용하는 구절이 거의 없었다. 마찬가지로 베르그송의 논문이나 저작들에는 다른 사상가들의 책이나 논문을 인용하고 있는 부분이 거의 보이지 않는다. 왜냐하면 그는 기존의 사상가들과는 완전히 다른 관점, 다른 사고의 틀을 가지고 출발하였기 때문이다.

아인슈타인의 연구실을 취재하러 간 어느 기자가 그의 연구실에 이렇다 할 실험도구나 책들이 거의 없는 것을 보고는 깜짝 놀랐다고 해요. 아인슈타인이 다른 과학자들의 책이나 연구 자료들을 필요로 하지 않았던 이유는 그가 전혀 다른 관점과 다른 사유의 틀을 가지고 자연현상을 연구했기 때문이었다고 합니다. 그래서 사람들은 아인슈타인 이전의 물리학은 '고전물리학'이라 부르고, 아인슈타인 이후의 물리학은 '현대물리학'이라고 불렀어요. 아마도 이런 관점에서 베르그송 이후로 진정한 현대철학이 시작되었다고 말할 수도 있을 거예요!

데카르트는 모든 학문에 보편적으로 적용될 수 있는 원리들을 발견하고자 하였고, 그것으로써 모든 학문에 통일성을 부여할 수 있는 보편적인 학문을 성립시키려고 한 적이 있었다. 하지만 데카르트의 염원은 현실이 되지 못하였고 기초만 제공해 주었을 뿐이었다. 데카르트가 베르그송이 정립한 사상에 동의할지 알 수 없다. 그가 추구했던 보편학문이 베르그송이 정립한 '통일성의 철학'과 같은 것인지도 알 수가 없다. 하지만 모든 학문의 영역을 유기적으로 아우르고 있는 베르그송의 사상은, 데카르트가 갈망하였던 보편학문의 모습을 실현시켰다고 볼 수 있다.

O 사상과 삶의 일치, 행동하는 지성인

베르그송은 그의 사상적인 면모만큼이나 현실적인 삶에서 역시 사유와 행위의 일치를 지향하고자 하였다.

1907년에 베르그송은 『창조적 진화』를 출간하였다. 이 책에서 그는 당시 진화론에 대한 기계론적인 설명과 실증주의적인 해석을 비판하였고, 또한 진화가 궁극적인 목적을 향해 나아간다는 아리스토텔레스식의 목적론적인 해명도 비판하였다. 그는 진화란 마치 일종의 모험과도 같이 미래의 방향을 자유의지에 의해 설정하고 창조적인 방식으로 선택해 가는 과정이라고 본 것이다. 즉 인류의 미래는 기계적 메커니즘에 의해 나아가거나, 궁극적인 목적으로 지향된 것이 아니라 인류의 창조적인 노력과 자유로운 선택에 달려 있다는 것을 다양하고 심오하게 밝혀 주었던 것이다. 이러한 그의 사상을 알리기 위해 그는 옥스퍼드 대학, 버밍햄 대학, 런던 대학, 콜롬비아 대학, 에든버러 대학 그리고 스코틀랜드의 기포드 강의Gifford lectures 등 세계의 굴지의 대학들에서 강의를 이어 갔다.

그는 학문의 방향을 바로잡기 위해 행정적인 일들도 마다하지 않았는데, 〈꼴네쥬 드 프랑스〉의 〈그리스 철학 및 현대 철학〉의 의장직, 영국의 〈심리연구학회(SPR)〉의 의장직, 〈도덕 및 정치과학 아카데미〉의 의장직을 맡으면서 당시 눈부시게 발전하고 있었던 과학의 발전에 철학적 기초를 제공하고 미래의 올바른 방향을 모색하고자 노력하였다.

그의 이러한 정신은 그를 정치적인 영역에까지 발을 넓히게 했다. 그는 당시 2차 세계대전의 전운이 감돌던 세계정세 속에서 전쟁으로 인한 인류적 재앙을 피하기 위해 정치적 수완을 발휘하기도 하였다. 1921년에 그는 후일 유엔 〈유네스코〉의 모체가 될 〈국제지적협력위원회(ICCI)〉의 초대 회장으로 선출되었고, 반전운동을 펼치며 국제평화를 위해 헌신하였다. 말년의 저작인 『도덕과 종교의 두 근원』 역시 철학적 관점에서 전쟁의 근원을 차단하고 국제적 긴장을 완화시키고자 하는 주요한 동기를 가지고 저술하였다. 그의 이러한 노력들은 1927년 노벨문학상이라는 보상으로 돌아 왔고, 1930년에는 프랑스 정부로부터 명예훈장legion of honour인 대-십자훈장grand croix을 수여받게 되었다.

일반인들과 동료 철학자들 모두에게 존경과 찬사를 받은 그의 정신을 사람들은 "웅대한 영혼", "새로움으로 지속되는 정신" 등으로 불렀다. 과학과 형이상학의 일치, 학문적 삶과 정치적 삶의 일치 그리고 개인적 삶과 인류의 삶의 일치라는 이러한 통일성의 획득은 아마도 철학의 역사에서 가장 보기 드문 이상적인 지성인의 모습이라 할 수 있을 것이다.

O 유대 민족을 사랑한 가톨릭 정신

하지만 이러한 그의 눈부신 노력과 업적들에도 불구하고 대부분의 위인들이 그러하였듯이, 베르그송은 그의 마지막 삶의 행보에서 불행을 피하기 어려웠다. 1938년 독일이 오스트리아와 체코슬로바키아를 침공하고, 1939년에는 아예 폴란드의 국경을 넘어가면서 2차 세계대전이 발발했다. 당시 독일의 군사력은 유럽의 그 어떤 나라도 대항할 수 없을 만큼 막강하였고, 프랑스의 비시Vichy 정부는 이러한 독일과의 전면전을 피하고자 독일의 유럽 침공을 암암리에 묵인하고 있었다. 그리고 히틀러가 유대인 박해를 정당화하기 위해 만든 '반-셈족법des lois antisémites'을 프랑스에서도 수락하였다.

베르그송은 이러한 비시 정권의 비겁함에 항의하기 위해서 자신의 모든 직함을 포기하고 훈장을 되돌려주었으며, 완전히 평범한 시민으로 되돌아갔다. 평범한 파리 시민으로 되돌아온 그의 삶은 평탄하지가 않았다. 비록 프랑스 국적을 가졌지만 부모가 모두 유대인 출신이라는 이유로 비시 정부로부터 '유대인'이란 판정을 받았기 때문이었다. 베르그송은 사상적으로는 가톨릭적인 정신을 가지고 있었지만, 마지막까지 유대 민족이라는 자기 민족에 대한 애정을 간직하고 있었다. 학계와 정치 분야를 떠나 일상으로 되돌아오면서 남긴 글, 자신의 심경을 담은 유언장 형식의 글에는 다음과 같은 내용이 적혀 있다.

나의 사유들은 점점 더 나를 가톨릭에 가까이 다가가게 하고, 이는 유대교를 보다 완전하게 완성하는 것을 의미하였

습니다. 만일 내가 수년 동안 전 세계를 휘몰아치던 반유
대주의의 엄청난 파도를 보지 못하였다면(아, 이는 대개 도
덕적 감각이 없는 많은 유대인의 잘못으로 인한 것이기도 합니
다), 아마도 나는 가톨릭으로 개종하였을 것입니다. 내가
개종을 하지 않은 것은 내일 박해받을 나의 민족들 사이에
머물고 싶었기 때문이었습니다. 그러나 만일 파리의 대주
교이신 추기경이 허락한다면 가톨릭의 사제가 내 장례식
에 와서 기도를 올려 줄 것을 기원합니다. 이 승인이 주어
지지 않을 경우, 랍비에게 부탁하여야 하겠지만, 이 경우
랍비에게 그리고 그 누구에게도 가톨릭에 대한
저의 도덕적인 순응을 숨기지 말아야 할 것입
니다. 이처럼 무엇보다도 먼저 저는 가톨릭
의 사제에게 기도를 청하고 있음을 밝히고
자 합니다.

— 1937년 2월 8일 자, 유언장 중에서

그는 1941년 1월 4일 파리 16구역에 있는 그의 집에서 81
세의 나이로 임종하였다.

베르그송은 교수라는 직업을 천직으로 생각했던 사람이었습니다. 그래서 자신의 삶 자체를 마치 '강의'라고 생각했던 것 같습니다. 자신의 임종을 지켜보기 위해 모인 수많은 사람들에게 "여러분 5시입니다. 이제 강의가 끝났으니 집으로 돌아가 주시기 바랍니다!"라고 말했다고 합니다.

그의 유언에 따라 장례는 가톨릭 신부의 집전 아래 이루어졌고, 그의 시신은 오뜨-드-센느Hauts-de-Seine의 아르세arches 공동묘지에 묻혔다. 후일 프랑스 국민들은 베르그송의 업적을 기리기 위해 프랑스를 빛낸 위인들이 묻혀 있는 판테옹Panthéon으로 그의 묘지를 옮기고 기둥에 그를 기억하기 위한 비문을 남겼다. 비문에 새겨져 있는 글은 다음과 같다.

앙리 베르그송

그의 저작과 삶을 통해

프랑스와 인류의 사유를 영광스럽게 한

철학자, 여기 잠들다.

과학의 확신에 대한 우려와 인간의 자유

2장

앤드류 니콜Andrew Niccol 감독
의 영화 〈가타카〉는 테크놀로지의 세계가 모든 인간의 삶과
생명마저 지배하는 미래의 사회를 그리고 있는 영화다. 영화
는 출생 때부터 아기가 지닌 유전자로 인생의 모든 것이 결정
되는 사회를 그리고 있다. 영화의 줄거리는 부모님의 사랑으
로 태어난 아이 빈센트의 운명을 중심으로 전개된다. 출생 시
주인공의 유전자는 그가 심장질환을 가지고 있으며, 범죄자
의 가능성을 가지고 있고 또 31살에 사망하게 된다는 분석 결
과를 보여 주었다. 절망한 그의 부모는 시험관 수정을 통해 빈
센트가 가진 모든 유전적인 결함을 제거한 완벽한 동생 안톤
을 출생시킨다. 동생 안톤은 모든 면에 있어서 빈센트를 능가
하는 완벽한 육체와 지능을 가지고 있었다. 빈센트는 비록 유
전적인 결함을 가지고 있었지만, 정열적이고 풍부한 감성의

소유자였으며, 자신의 꿈에 대한 확실한 믿음도 가지고 있었다. 그런 마음가짐 덕분에 빈센트는 열정 하나만으로 동생 안톤을 수영대회에서 이기게 된다. 하지만 부모가 이를 전혀 인정하려 하지 않자 그는 집을 뛰쳐나오고, 온갖 시련과 삼엄한 테크놀로지의 감시망을 피해 마침내 '가타카'라는 회사에 입사한 뒤, 꿈에 그리던 우주비행사가 된다. 이 영화는 인간적인 열정이나 희망 그리고 자유를 완전히 박탈하고 오직 기술적 효율성만을 지향하는 사회, 그리하여 유전자가 모든 것을 지배하는 암울한 미래사회를 보여 주고 있다. 하지만 동시에, 인간의 열정과 자유가 이를 극복할 수 있음 역시 보여 주고 있다.

과학철학자이자 형이상학자인 베르그송이 그의 학문적 관심의 출발점에서 가진 주제는 '인간의 자유'였다. 생물학, 유전학, 심리학 등 모든 분야에서 과학적 사유가 지배하는 시대, 과학을 통해 인간의 모든 삶을 이해하려고 하는 시대에는 자연히 인간의 자유가 소외된다. 인간의 자유라는 것도 분석해 보면 사실은 원인과 결과의 정교한 체계가 만들어 낸 결과물일 뿐이라고 과학은 말하고 있기 때문이다. 그래서 사람들은 과학이 발전할수록 "과연 인간에게 자유가 있는가?"라는 질문에 대해 회의적이 된다. 하지만 베르그송은 인간의 자유를 부정하는 모든 과학적 이론들에 의문을 던진다. 생명이란 애초에 자유를 갈망하는 것이며, 인간이란 본질적으로 자유이고 자유를 갈망하는 존재라는 것을 통찰하고 있다. 그는 어떠한 논의를 거쳐 이러한 결론에 이르게 되었을까?

O 왜, 자유인가?

20세기는 과학발전의 시대이고 인류의 역사와 문명이 과학의 관점에서 새롭게 정립되던 시기였다. 이 시기 철학자로서의 베르그송의 관심은 과학이 주목하고 새롭게 해석하고자 하는 생명과 인간에 대한 이해에 있었다. 『베르그송의 삶과 철학』을 저술한 앙드레 크레송André Cresson은 베르그송의 학문적 출발점이 되는 동기를 '인간적인 것을 사물화하고', '인간의 자유를 부정하는' 당시의 과학적 태도에 대한 염려라고 하였다.

사실 베르그송은 그의 박사 학위 논문이자 첫 저작인 『의 물질의 세계 안에서, 모든 심리학과 사회학은 가장 규칙적인 결정론 아래에 놓이게 된다. 이 결정론 아래에서는 항구적이고 일반적인 규칙들 외에 어떤 것도 발생하지 않는다. 기적이나 우연 그리고 자유는 어디에서도 발견되지 않는다. 여기서는 어떤 특정한 원인들이 주어지면 특정한 결과들이 예외 없이 산출되는 것이다.

— 『베르그송의 삶과 철학』, 제1장

• 이 책의 원 제목은 'Essai sur les données immédiates de la conscience' 이에요. 국내에서는 이 책을 '의식에 직접 주어진 것들에 관한 시론' 혹은 '의식에 직접 주어진 소여들' 등으로 번역하여 사용하고 있답니다. 하지만 '시론' 혹은 '소여들' 등이 선뜻 그 의미가 와 닿지 않아서 Essai를 직역하여 '논고'로 번역하였답니다.

식에 직접 주어진 것에 관한 논고』•의 서문에서 이를 분명히 밝히고 있다.

> 우리는 다양한 문제들 중에서 형이상학과
> 심리학 모두에 공통되는 주제인 자유를 선
> 택하였다.

— 『의식에 직접 주어진 것에 관한 논고』, 서문

자유가 형이상학과 심리학 모두에 공통된다는 말은 무엇을 의미하는 것일까? 미리 말하자면 베르그송에게 있어서 형이상학이란 '자아를 추구하는 학문'을 의미하며, 심리학은 '인간의 행위(행동)에 대한 심리적인 요인을 이해하는 것'이라고 할 수 있다. 그리고 이 두 가지 영역 모두에서 '자유 개념'이 그 중심을 차지하고 있다.

그렇다면 베르그송에게 있어서 왜 인간의 자유 개념이 그토록 중요했던 것일까? 사실 베르그송뿐 아니라 인간의 자유를 강조하지 않는 철학자는 거의 없다. 심지어 성경에서도 '진리가 인간을 자유롭게 할 것'이라고 하였고, 불교의 승려들이 출가出家를 하는 목적도 모든 집착이나 허상에서 자유로운 '대자유大自由'를 추구하기 때문이라고 한다. 미국의 독립을 위해서 "자유가 아니면 죽음을 달라"고 외쳤던 패트릭

헨리Patrick Henry의 외침은 인간에게 자유가 얼마나 소중한 것인지를 단적으로 말해 주고 있다. 이러한 사유들은 모두 '자유'라는 것이 인간이 결코 포기해서는 안 되는 인간됨의 가장 본질적인 가치라고 보기 때문이다.

무엇이 자유인가? 혹은 어떤 상태를 자유로운 상태로 볼 것인가? 하는 질문에 대한 답변은 철학자들마다 조금씩 다를 것이다. 하지만 한 가지 분명한 것은 한 사람이 어떤 것을 획득하거나 성취하더라도 그가 자유롭지 못하다고 한다면, 그는 인간답거나 자기답지 못하다고 느낄 것이며, 따라서 행복하다고 말할 수가 없을 것이라는 점이다. 베르그송이 보기에 현대인이란 다방면에서 자신의 자유를 위협하고 있는 환경 속에서 살아가고 있었다. 그중에서도 인간을 오직 물질적인 관점에서 고찰하려던 당시의 과학, 특히 심리결정론자들과 일반진화론자들의 사상을 가장 크고 근본적인 위협으로 보았다.

그가 고안한 새로운 개념들 '지속의 개념', '시간의 개념', '직관의 개념', '생의 약동' 등은 궁극적으로 인간의 자유에 대해서 말하는 개념이라고 해도 과언이 아니다.

○ 자유는 인격의 표현이다

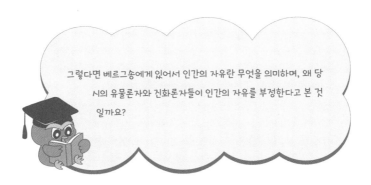

그렇다면 베르그송에게 있어서 인간의 자유란 무엇을 의미하며, 왜 당시의 유물론자와 진화론자들이 인간의 자유를 부정한다고 본 것일까요?

　베르그송에게 있어서 '자유'란 우리가 고찰할 수 있는 대상으로서의 사물이나 실체가 아닌 '어떤 상태'를 의미한다. 그는 이 자유로운 상태를 "나의 인격의 총체personnalité entière를 표현하는 상태", "오직 나 자신으로부터만 산출되는 행위" 혹은 "우리들의 인격의 표식을 지니고 있는 행위" 등으로 표현한다. 그는 인간의 행위와 자유에 대한 관계를 다음과 같이 말하고 있다.

　행동을 취하기 위해 필요한 노력을 계획할 때조차도 아직

멈출 시간이 남아 있다고 느낀다. 이를 느낄
수 있다면 나는 자유로운 것이다.

— 『의식에 직접 주어진 것에 관한 논고』, p.161

미래를 결정하는 것에 있어서 어떠한 결정적
인 것도 주어지지 않았고 다만 나의 내적인
확신을 통해서 내가 선택할 수 있다고 느낀다면 우리는 자
유로운 것이다. 만일 우리가 이를 경험하고 있다면 우리는
자유롭게 느껴진다고 말할 수 있는 것이다.

— 『의식에 직접 주어진 것에 관한 논고』, p.165

말하자면 인간에게 '자유가 있다'는 것은 인간이란 어떠한
경우에도 자신의 행위를 멈추거나 다시 시작하거나 방향을
바꿀 가능성을 가진 존재라고 말하는 것이다. 즉 나의 행위
가 오직 나의 자아에 전적으로 달려 있을 때 나는 자유롭다
고 할 수 있다. 이와 반대로 나의 행위가 오직 외부적인 조건
들에 의해 규정되거나 선택되고 강제될 때 나는 자유롭지 못
한 것이다. 이러한 사유는 '모든 나의 행위의 주인은 곧 나'라

는 근대적인 주체성과 일맥상통하지만 이보다는 좀 더 멀리 나아간다. 즉 내 행위의 주인이 나일 뿐만 아니라, 이 행위가 나의 '확신'에 의한 것이라는 점이다. 다시 말해 나의 행위와 나의 내면이 일치한다는 것, 혹은 나의 모든 행위가 나의 '내적인 자아', 즉 나의 '인격'으로부터 나오게 되었다는 것을 의미한다.

그렇기 때문에 경험적으로만 본다면 '인간이 자유로운 존재인가 아닌가?' 하는 문제는 인간의 문제라기보다는 개인의 문제에 가깝다. 왜냐하면 세상에는 분명 자신의 행위가 전적으로 자신의 자아에 달려 있는 사람도 있지만, 거의 외부 환경에 의해서 결정되는 사람도 있기 때문이다. 가령 누군가 어떤 공직자에게 "당신이 그 일을 결정한 것은 스스로의 선택에 의한 것입니까?"라고 묻는다면 분명 어떤 이는 '스스로의 선택의 결과'라고 하는 반면 어떤 사람은 '상황에 따른 불가피한 선택'이라고 할 것이기 때문이다. 즉 전자는 자유로운 사람이었다면 후자는 자유롭지 못한 사람이라고 할 수 있다. 따라서 엄밀하게 말하면 인간의 자유에 대한 문제는 '인간은 자유로운가?' 혹은 '인간에게 자유가 있는가?'의 문제가 아니라, '인간은 자유로울 수 있는 존재인가?' 하는 인간의 가능성을 묻는 문제가 된다.

만일 당시의 심리결정론자들과 일반 진화론자들(다윈, 라마르크 등)이 인간의 모든 행위와 삶의 형식이 사실은 주어진 환경적인 요인에 달려 있다고 생각하였다면, 베르그송은 이와는 정반대의 주장을 한 것이다. 즉 베르그송은 인간이란 다만 자유로울 수 있는 존재일 뿐만 아니라, 본질적으로 자유롭고자 투쟁하는 존재이며 또한 인간이 다른 생명체와 구분되는 지점이 곧 '자유'에 있다고 생각한 것이다.

그런데 나의 행위가 자유로운 행위인가 알려면, 먼저 나의 행위가 나의 자아에 의한 행위인지 판별해야 해요. 이는 결국 '나는 나의 자아를 분명하게 인식할 수 있을까?'라는 물음을 낳아요. 베르그송은 인간이 자신의 '자아'를 알 수 있다고 보는 걸까요?

사실 자유의 의미를 '자아'와 연결시키는 철학자들은 많이 있다. 플라톤도 자유로운 행위란 영혼의 총체성으로부터 발생되는 행위라고 보았고, 칸트 역시 자유는 자아의 능력이며 동시에 도덕적인 지주라고 생각했다. 하지만 칸트의 경우는 '자아' 그 자체를 인식을 넘어서는 초월적인 것으로 보았기 때문에 자유도 분명히 인식할 수 있는 것은 아니라고 보았다.

　칸트의 이러한 관점은 경험적으로도 충분히 긍정할 수 있는 것이다. 어떤 여행자에게 "당신은 왜 미국이 아니라 중국으로 여행을 떠나기로 결정하였습니까? 그것은 당신의 자유에 의한 것입니까? 다시 말해 전적으로 당신의 자아에 의한 것입니까?"라고 묻는다면, 많은 사람들이 "글쎄요 그런 것 같기도 하고, 아닌 것 같기도 하고, 아리송한데요?"라고 답할 것이기 때문이다. 그리고 이에 대해 "이런 답변은 당연한 것입니다. 왜냐하면 그는 자신의 자아 자체를 인식할 수는 없기 때문입니다"라고 변호할 수 있기 때문이다.

　하지만 여기에 대한 베르그송의 입장은 분명하다. 그는 인간이란 반성을 통해 자신을 알 수 있는 존재라고 생각한다. 우선 베르그송은 자아를 마치 이해할 수 없고 신비로운 것처럼 말하는 칸트를 분명하게 비판하고 있다. 그는 자아는 통찰 가능한 것이며, 따라서 인간은 자신의 행위가 자유로운 행위인지 아닌지를 분명히 인식할 수 있다고 보았다.

칸트는 자유를 누멘noumène의 차원까지 높이면서, 따라서 (자아는) 우리들의 인식 능력에는 접근 불가능한 것으로 고려하였다. 하지만 진실은 반성réflexion의 힘찬 노력에 힘입어 우리의 눈이 어둠으로부터 벗어날 때마다 우리는 이 '자아moi'를 통찰한다는 것이다.

— 『의식에 직접 주어진 것에 관한 논고』, p.181

'반성의 노력으로 어둠을 벗어날 때, 자아를 통찰한다'는 것은 무엇을 말하는 것일까? 자아를 통찰한다는 것은 '나는 누구인가' 혹은 '나는 어떤 사람인가'를 인식한다는 것이다. 그런데 어떤 경우에 사람들은 "나도 나를 잘 모르겠다!"라고 말하는 것일까? 여러 가지 이유가 있을 것이다. 가장 일반적인 경우, 사람들은 자신의 과거의 행위에 대해서, 특히 오류나 잘못에 대해서 솔직히 시인하기보다는 변명을 할 때 "나도 나를 잘 모르겠다"라고 한다. 다시 말해 '내가 당시 왜 그렇게 행동했는지 잘 모르겠다'고 한다. 즉 자신의 행동에 대한 정확한 분석이나 이해를 회피하고자 하는 것이다.

좀 더 학문적인 차원에서 인간이 자기 자신을 잘 알 수 없다고 하는 것은 '자기' 혹은 '자아'라는 것이 다양하다는 뜻이며, 이 중 어떤 것이 진정한 나인지를 알 수 없다는 것을 의미한다. 어떤 관점에서 보면 인간은 다양한 자아를 가지고 있다. 생물학적 자아, 심리적 자아, 역사적 자아, 민족적 자아, 정치적 자아 등등. 그리고 이러한 자아들 중에서도 많은 경우, 어떤 자아가 어떤 방향으로 표출되었는지 분명하지 않기 때문에 자아를 알 수가 없다고 하는 것이다. 가령 정치적인 자아의 경우 한편으로는 진보를 추구하는 것 같지만, 다른 한편으로는 매우 보수적인 가치를 고수하는 것 같기도 하기 때문에 내가 진정 어떤 자아를 가지고 있는지 알 수가 없는 것이다.

여기서 베르그송은 내가 나 자신에 대해서 알고자 할 때, 인식을 방해하는 모든 것을 '어둠'이라고 생각한다. 이 어둠은 실재를 굴절시키는 모든 것을 말한다. 만일 어둠을 제거하기만 한다면 나는 '나 자신' 혹은 '나의 자아'를 분명하게 통찰할 수 있다고 보는 것이다. 이때 어둠을 제거하는 노력이 곧 '반성'인 것이다. 미리 말하자면 여기서 반성이란 다양하게 분석되고 파편화된 자신을 하나의 통일체로 수렴하는 것을 의미하거나 혹은 분석되고 파편화되기 이전의 '통일된 자아', 즉 '인격'을 '직관'하는 것을 말한다.

○ 내가 나를 알 수 있을까?

과연 인간이 자신의 자아를 알 수 있는가? 혹은 자아를 분명하게 인식한다는 것이 가능한 것인가? 라고 묻는다면 그 답은 무엇일까? 인간은 정말로 자신을 알 수가 없는 존재일까? 아마도 이에 대한 가장 일반적인 답변은 '알 수 있는 부분도 있고, 알 수 없는 부분도 있다'고 하는 것이다. 왜냐하면 심리학과 무의식에 대한 사유가 일상적인 현대인들에게 있

 잠깐!!!

인격이란 무엇인가?

인격이란 라틴어의 '페르소나presona'에서 유래된 용어인데, 불어로는 '페르손느personne', 영어로는 '퍼스낼리티personality'라고 부르지요. 일반적으로 '개성', '인격', '개인의 전체적인 특성' 등으로 이해되는 용어입니다. 토마스 아퀴나스Thomas Aquinas는 이를 'per-se-una', 즉 '스스로를 통해서 하나인 것'이며, 나누어질 수 없고 양도할 수 없는 '고유한 자신'이라고 생각했어요. 원래 라틴어에서 대문자로 시작하는 'Persona'는 신의 위격(삼위일체의 1격, 2격, 3격)을 지칭하는 용어라는 것을 감안하면, 인간을 지칭하는 '페르소나'는 인간이 신을 닮았음을 암시하고 있는 용어라고 볼 수 있지요. 따라서 인간을 지칭하는 용어들 중에서 '페르소나'라는 용어는 가장 상위적인 가치를 지니는 것이라고 볼 수 있습니다. 물론 베르그송은 이러한 종교적 차원의 인격을 말하고 있지는 않습니다. 다만 경험의 총체이며 끊임없이 성숙하고 변화해 가는 자아를 말한다고 할 수 있습니다. 현대 프랑스 철학자 중 에마뉘엘 무니에Emmanuel Mounier는 자신의 사상을 스스로 '인격주의personalisme'라고 불렀는데, 이는 인간을 고려함에 있어서 무한성의 차원, 즉 신과의 관계에서 고려해야 하고, 또한 인간이 사는 사회의 구조 자체가 인격화되어야 한다는 것을 의미합니다.

어서 '나 자신도 알지 못하는 나의 자아'의 존재는 당연한 사실이기 때문이다.

심리학이나 종교 분야에서는 인간의 자아를 다양하게 분석하고 있다. 그중에서 가장 일반적인 분석은 자아를 크게 4가지로 나누는 분석이다. ① 나도 알고 남도 알고 있는 나, ② 나는 알고 있지만 남은 알 수 없는 나, ③ 남은 알고 있지만 나는 모르는 나, ④ 남도 알 수 없고 나도 알 수 없는 나. 이러한 분석과 구분에 이의를 제기할 사람은 퍽 드물 것이다.

A: 나도 알고 남도 아는 나	B: 나는 알지만 남은 모르는 나
C: 남은 알지만 나는 모르는 나	D: 남도 모르고 나도 모르는 나

심리학이나 종교에서 말하고 있는
자아의 4가지 부분

자아의 4가지 부분에 대한 위 분석 중에서 가장 중요하게 관심의 대상이 되고 있는 부분은 D부분의 자아일 것이다. 심리학자들은 이를 '무의식'이라고 말할 것이며, 형이상학자들은 이를 '실체'라고 할 것이고, 종교인이나 유신론자들은 이를 신이 부여한 '근원적 자아'라고 부를 것이다. 그 이름이나 기원이 어떠한 것이든 이러한 자아의 숨겨진 부분은 인간의 행위를 근원적으로 설명하는 데 있어서, 특히 이해 불가능한 인간의 행동을 설명하는 데 아주 유용한 요소로 작용하고 있는 것이 사실이다. 만일 칸트가 인간의 자아를 '알 수 없는 것'으로 보았다면 그것은 바로 D부분의 자아를 염두에 두고 있었기 때문일 것이다.

그런데 베르그송은 자아에 대한 이러한 분석이나 구분 자체가 자아를 추상화하는 것이며 일종의 공간화(물질화)하는 것이라고 비판한다. 그리고 이러한 비판의 한복판에 '지속'의 개념이 자리하고 있다.

> 사람들은 하나의 사물을 분석하고 재구성한다. 하지만 여기서는 진보가 없다. 사람들은 연장 étendue을 재구성하며 지속la durée은 고려하지 않는다.
>
> ― 『의식에 직접 주어진 것에 관한 논고』, p.167

생각해 보자! 꾀꼬리의 아름다운 목소리의 비밀을 알기 위해서 꾀꼬리 한 마리를 잡아 와 연구실에서 해부를 했다고 하자. '최신 인공지능'을 통해 아주 정밀하게 분석을 하고 그 꾀꼬리의 성대와 완벽하게 일치하는 인공의 성대를 만들었다고 하자. 그렇다면 그 인공의 성대는 꾀꼬리의 목소리와 동일한 목소리를 낼 수 있을까? 그렇지 않을 것이다. 왜냐하면 꾀꼬리의 성대는 살아 있는 꾀꼬리에서 분리되는 순간 이미 진짜 꾀꼬리의 성대가 아니기 때문이다. 그것이 무엇이건 생명체의 모든 부분은 생명체라는 유기체에서 분리되는 순간 원래의 모습을 상실해 버린다. 나의 육체에서 분리된 하나의 세포는 이미 나의 세포가 아닌 것이다.

한 성악가의 목소리는 다만 물리적인 그의 성대에 관련된 것만은 아니다. 그의 감정, 그의 생각, 노래하는 순간의 그의 심리적인 상태, 그날의 그의 육체적인 컨디션, 관객들의 호응이나 무관심 등 여러 가지 복합적인 요인이 작용하여 유일한 하나의 '목소리'가 발생하는 것이다. 마찬가지로 노래를 하고 있는 동안에도 그 어떤 이유로 목소리는 격정적이 되거나 차분해질 수도 있다. 이렇게 모든 것이 하나의 결과를 창출하기 위해서 서로 연결되고 서로 얽히고 불가분하게 연관되어 있으며, 나아가 진행 중에도 끊임없이 변화하고 움직이고 있는 것이 곧 '지속'의 개념이다. '실재'란 이렇게 지속 안에서 고려된 것이다.

이와 마찬가지로 나의 자아라는 개념도 일종의 지속에 속하는 것이며, 학문적 필요에 의해서 A, B, C, D로 분석하고 분류하는 것이지, 근본적으로 인간의 자아란 이렇게 4개의

잠깐!!!

'지속dure'이란?

베르그송이 말하는 지속은 사실 하나의 존재가 가지는 절대적인 지평이라고 할 수 있습니다. 여기에는 물리적, 시간적, 역사적, 의식적 등 다양한 지평이 하나의 '지속'에 포함되는 것이지요. 그래서 우리는 최소한 몇 가지의 다른 지속의 개념을 말할수 있지요, 그 예는 아래와 같습니다.

① 물리적 지속: 하나의 물리적인 실재는 다른 다양한 물리적인 실재와 상호교감 속에 있어서 전체로부터 분리하여(추상하여) 고찰해서는 진정한 '실재'를 알 수가 없다.

② 시간의 지속: 과거, 현재, 미래라는 시간은 하나의 흐름으로 서로 불가분하게 얽혀 있어서 과거로부터 현재를, 현재로부터 미래를 분리하여 생각할 수가 없다. 진정한 시간의 실재는 과거, 현재, 미래를 모두 포함하는 하나의 지속에서만 가능하다.

③ 역사의 지속: 역사는 흐르는 것이다. 모든 역사적인 사실이나 사건은 그 의미나 가치가 과거와 현재와 미래의 역사적인 사건과 연계되어서만 실재적으로 드러날 수 있고, 제대로 평가될 수 있다.

④ 의식의 지속: 한 인간의 의식이란 굴러가는 눈덩이처럼 매

순간 보다 확장되고 포괄적으로 변한다. 따라서 과거와 동일한 외부적 조건이라 하더라도 현재는 전혀 다른 의식의 반응을 보이고 다른 결정을 할 수 있다. 이렇게 의식은 끊임없이 변화하고 있다.

이러한 지속의 개념은 당시의 과학자들에게 '필드 리서치', 즉 현장에서 직접 탐구하는 방법론에 많은 영향을 미쳤습니다.

범주로 구분될 수 있는 것이 아니다. 예를 들어 보자. 만일 누군가 나에게 "너 A정치가를 좀 알아?"라고 묻는다면 어떻게 대답해야 할까? 아마 어떤 말을 해도 상관이 없을 것이다. 왜냐하면 인간이란 누구나 어느 정도는 알고 어느 정도는 모르기 때문이다. 그리고 A정치가에 대해서 내가 알고 있는 부분과 모르고 있는 부분을 분명히 구분하려고 시도한다면 이러한 시도가 불가능하다는 것을 단번에 알 수 있을 것이다. 최소한 그의 학창시절에 대해서는 잘 알고 있다고 생각하겠지만 막상 그가 학창시절에 누구를 좋아했는지, 그가 어떤 남모르는 고민을 가지고 있었는지, 그가 부모님에게는 어떤 감사와 불만을 가지고 있었는지 등에 대해서는 여전히 알 수가 없기 때문이다.

그렇기 때문에 자아를 안다는 것은 본질적으로 한 개인이 자기 자신에 대해 가지는 앎이며, 이러한 앎은 분석을 통해서 아는 것이 아니라, 반성을 통해서만 직관적으로 알 수 있는 것이다. 베르그송은 과학이 말하고 있는 대다수의 개념들이 분석과 분류 그리고 통계를 통해서 추상된 대상을 지칭하는 것이라고 보았고, '추상된 대상'은 곧 '실재'로부터의 '굴절'을 의미한다고 보았다.

그는 굴절되기 이전의 실재로 나아가기 위해서는 '양적인 것'에서 '질적인 것'으로, '병렬적 나열'에서 '상호적 침투'로, '기계적인 구성'은 '조화로운 조직'으로 나아가야 한다고 주장하고 있다. 그의 학위논문이자 최초의 저서였던 『의식에 직접 주어진 것에 관한 논고』에서 '의식에 직접 주어진 것'이란 바로 학문에 의해 추상되기 이전의 실재를 말하는 것이며, 이를 굴절되기 이전의 '근원적인 세계un monde original'라고 말하였다. 그리고 『사유와 운동』에서는 이를 인간의 정신에 나타나는 '계시révélation'처럼 고려하면서, "내적인 삶의 놀라운 세계"(『사유와 운동』, p.181)라고 표현하고 있다.

우리는 이러한 내적인 삶의 놀라운 세계를 고흐와 같은 예술가들한테서 볼 수 있는데, 고흐는 "내 작품 속에는 내 심장에서 바로 튀어나온 무언가가 있다"라는 말을 남겼다. 즉 고흐의 작업세계에서 가장 중요한 것은 '자유'였던 것이다. 물론 예술가들은 굴절되지 않고 가공되지 않은 내적인 세계를 보여 주지만, 내적인 삶을 이해하는 방법론은 철학자들에게서만 가능한 것이다. 그리고 이러한 방법론이 곧 반성을 통한 '직관直觀, intuition'이며, 베르그송에게 있어서 형이상학이란 '진정으로 그러한 것', 즉 '실재를 통찰하는 직관'을 의미하는 것이다.

자유에 대한 베르그송의 관점은 일종의 체험에 의해 확인된 증언이자 고백과 같은 것이다. 자유는 과학적인 분석을 통해서 증명하거나 부정할 수 있는 것도, 우리가 인식할 수 없는 신비로운 영역에 존재하는 것도 아닌, 우리가 일상으로 체험하는 우리들의 행위들에서 체험되고 느낄 수 있는 인간 행위의 분명한 '사태'인 것이다. 그리고 이런 자유로운 인간 행위에 있어서 이를 부정할 수 있는 어떠한 '인과관계'도, '심

잠깐!!!

직관이란?

베르그송에게 있어서 실재란 항상 운동 중에 있는 '지속'을 의미하는 것이어서, 근본적으로 과학의 분석적 방법은 실재를 통찰하기 위한 적절한 방법이 아니랍니다. 분석은 고정을 의미하기 때문이지요. 따라서 실재를 통찰하는 것은 운동 중에 있는 것을 '지속(흐름)'으로 보는 우리 자신의 내면의 지속(의식)이랍니다. 즉 외부의 흐름을 흐름으로 인식하는 나의 내부의 흐름(의식)에 의해 '동시성'을 확보할 때 실재가 통찰되었다고 할 수 있는 것이랍니다. 이는 마치 동양의 선비들이 '몰아일체沒我一體'를 말할 때와 유사한 것이지요. 바로 이러한 것이 '직관'이랍니다.

질 들뢰즈Gilles Deleuze는 『베르그송주의Bergsonism』에서 직관을 다음과 같이 정의하고 있답니다. "직관은 그것을 통해서 우리들의 고유한 지속으로부터 우리들의 바깥으로 나오며, 외부 대상의 다른 지속들을 직접적으로 인정하거나 긍정하는 운동이다."

리적인 결정론'도 있을 수가 없다는 것이 그의 결론이다. 이러한 자유로운 행위의 유일한 근원을 그는 '인격persona'이라고 부르는 것이다. 그리고 이 같은 인격으로부터 솟아난 행위만이 곧 자유로운 행위이며, 인간다움의 척도라고 보는 것이 베르그송의 자유에 대한 관점인 것이다.

◯ 동기라는 선입견과 동기로서의 자아

그런데, 어떤 특정한 사람의 행위나 행동을 이해하고자 할 때, 사람들은 예외 없이 그 행동의 동기가 무엇인지를 알고자 하지 않나요? 가령 범죄행위를 한 사람에 대해서 경찰들은 하나같이 그 행동의 동기가 무엇인지를 밝히려고 하지 않나요? 그리고 이 동기들은 곧 그의 행동의 외적인 혹은 내적인 원인이나 요인들이 아니었나요? 따라서 '나의 행위가 나의 인격에서 직접 나온 것이다'라는 말은 사실을 말하기보다는 일종의 비유가 아닌가요?

동일한 범죄행위에서 일반인의 행위보다는 '심신 미약자'의 행위가 보다 그 죗값이 작다는 사실은 누구나 알고 있다. 동일한 살인의 경우도 살해하고자 하는 의도가 있었다면 '살인'이 되겠지만, 살해할 의도가 전혀 없었다고 한다면 이는 우발적인 '과실치사'라고 하여 그 죗값이 적어진다. 이 두 가지 행위 사이에서 결정적인 차이점은 무엇일까? 그것은 행동의 원인이나 동기가 나의 내면에 있는 것인가 아니면 외부에 있는 것인가 하는 점이다. 그런데 문제는 많은 경우 '살인'이라는 사태의 진정한 원인이 외부 요인에 의한 우발적인 사고에 있는가, 그의 마음속에 있는 분명한 의도에 있는가 하는 점을 명확히 구분하기가 매우 어렵다는 것이다. 왜냐하면 이 두 가지 경우의 중간쯤에서 벌어진 사건이 너무나 많기 때문이다. 아니 어쩌면 '사태의 원인'을 찾고자 한다는 것 자체가 '실재'나 '팩트'를 찾는다기보다는 관점이나 의미의 문제에 속하기 때문이다.

사실 '내로남불(내가 하면 로맨스, 남이 하면 불륜)'이라고 하는 것은 모두 관점과 의미를 어디에 두는가 하는 문제이다. 그리고 분명하게 사태의 진위를 따지고자 한다면 행위의 원인이 되는 내적인 자세와 의도, 즉 그 동기를 파악해야 할 것이다. 이처럼 많은 사람들이 행위의 원인을 '동기'에서 찾고자 한다. 즉 많은 경우 인간의 행위를 '심리적인 인과관계'로 해명하려는 것이다. 특히 '심리결정론'은 물리적인 세계에서와 마찬가지로 인간의 심리적(의식의) 현상에 있어서도 모든 것이 인과관계로 설명된다고 보려는 것이다. 즉 하나의 심리적 상태는 그 이전의 심리적 상태가 원인이 되어 외적인 조건들에 반응하여 필연적으로 발생하게 된다는 말이다. 그런데 인간의 행위를 심리적인 인과관계로 설명하는 것은 어떤 문제점을 가지고 있는가? 바로 인간의 자유를 없애 버리고자 한다는 것이다.

어떤 것을 인과관계 속에서 해명한다는 말은 어떤 조건이나 환경이 주어지면 반드시 동일한 결과가 산출된다는 일종의 공식을 적용한다. 때문에 누구도 동일한 상황과 조건 속에서는 필연적으로 동일한 행위를 할 수밖에 없다는 것을 의미한다. 이러한 관점에서는 인간의 자유가 무의미해지고 만다. 바로 이 때문에 베르그송은 '심리결정론자'들을 비판하고 있다.

이를 위해 베르그송은 다음과 같은 도표를 고안한다. 'O'라는 사람이 'M'의 순간에서 'X'와 'Y'의 방향으로 나 있는 선택의 기로에 놓여 있다고 하자. 여기서 선택을 결정하는 '동기'는 무엇인가? 흔히 사람들은 'X'와 'Y'라는 두 가지의 동기가 그의 내적인 상태에 보다 적합하거나 더 강한 동기를 유발한다고 생각한다. 마치 선택의 순간까지 X나 Y가 거의 동일한 무게의 동기를 가지고 있지만, 결정적인 순간에 어느 하나가 더 큰 동기를 유발하기 때문에 그것을 결정한다고 생각한다. 하지만 이러한 설명은 모두 '결과론적으로' 그렇게 설명되는 것이지, 현실의 세계에서는 전혀 그렇지 않다.

행위자는 M의 순간에서 X나 Y를 선택하는 순간까지 마냥 기다리지 않는다. 그는 모든 관점에서 두 방향에 대해 고민하고 숙고한다. 이해득실이나 정당성을 고려하고, 가치를 따지며 도덕적 의미도 고려한다. 그리고 점차 선택해야 할 한 가지가 실재성을 가지게 되면서 나머지는 희미해지는 것이러한 식의 표현은 상징적인 표현일 뿐이며, 실제로는 두 가지 경향성이나, 심지어 두 기질이 있는 것이 아니다. 나의 자유로운 행동이 잘 익은 과일의 방식으로 분리될 때까지 이러한 망설임의 효과를 통해서 살아가고 발전하는 '하나의 자아un moi'가 있을 뿐이다.

— 『의식에 직접 주어진 것에 관한 논고』, p.134

이다. 나아가 선택의 순간에서는 X나 Y 중 어느 하나만 남아 있을 것이다. 다시 말하면 선택의 결정적인 원인은 그의 마음속에 남아 있는 '그것'이며, 이는 곧 그의 자아다. 베르그송은 자아가 선택을 위해 고민하고 망설이는 순간을 '의식의 진보'라고 말하며, 선택의 순간을 마치 '잘 익은 과일이 나무에서 떨어지는 것'에 비유하고 있다. 즉 모든 선택에 있어서 진정한 동기는 바로 그의 자아인 것이다. 그의 자아가 행동의 원인이 되는 한, 그는 자유로운 것이다.

하지만 모든 사람이 이렇게 숙고하면서 선택을 할까요? 철학자 스피노자는 필연적인 인과의 법칙을 이해하고 '필연적인 것'을 따르는 것이 오히려 '자유'라고 하는데 이는 어떻게 이해해야 하나요?

물론 모든 사람들의 행위나 행동이 이러한 방식으로 '의식의 진보'를 가정하지 않을 수도 있다. 어떤 사람들은 주사위를 던져서 결정할 수도 있고 또 어떤 사람들은 전문가의 조언을 따라 결정할 수도 있을 것이다. 하지만 베르그송은 모든 인간의 선택에 있어서 필연적인 선택이란 있을 수 없다는 사실에 주목하고 있다. 예를 들어 어떤 사람이 배가 별로 고프지 않지만 자신이 가장 좋아하는 음식이 눈앞에 놓여 있어서 그것을 먹었다고 하자. 심리결정론자들은 '먹는 행위'의 원인을 '자신이 가장 좋아하는 음식이 식욕을 유발하였기 때문'이라고 진단한다. 하지만 베르그송은 이러한 설명은 하나의 상태(먹기 이전)에서 다른 하나의 상태(먹는 행위)에 대한

'관계성'을 설명하는 것이지 '인과관계'를 설명하고 있는 것은 아니라고 보고 있다. 즉 음식을 먹을 것인지 말 것인지를 선택한다는 것은 일종의 가능성이며, 음식을 먹는 행위가 필연적인 선택일 수는 없기 때문이다.

다른 예를 들어 보자. 법률 용어에 '존속살해죄尊屬殺害罪'라는 것이 있다. 이는 자기 아내나 직계가족을 살해한 죄를 말한다. 그런데 많은 경우 존속살해범의 살해 동기가 다른 살인 사건의 경우보다 너무 평범한 것이어서 놀라곤 한다. 한 뉴스 기사에서는 임종한 자신들의 어머니가 남긴 100만 원 남짓된 유산을 놓고서 형제가 흉기를 들고 싸웠고, 한 사람이 심하게 다쳐 사경을 헤매고 있다는 내용을 보도한 적이 있다. 뉴스를 접한 사람들은 한갓 100만 원을 놓고 목숨이 위태롭도록 싸웠다는 사실을 도저히 이해할 수 없다고 말한다. 그렇다면 왜 이런 일이 이 형제들에게 일어난 걸까? 그 이유는 바로 그들이 형제였다는 사실에 있다. 형제가 남과 다른 것은 형제애를 가지고 있다는 사실이다.

A와 B는 형제로서 서로 사랑하고 있었지만, 어느 순간 어떤 이유로 A가 B로부터 사랑이 거부되었다고 믿게 되면 '분

노'를 느끼게 된다. 그리고 분노는 '증오'를 낳게 된다. 따라서 만일 A가 B를 살해한다면, 그것은 100만 원이라는 돈 때문이 아니라, B가 형제애를 저버렸다는 사실에 대한 분노 때문이다. "남도 아닌 형이(혹은 동생이) 어떻게 나를 이렇게 대할 수 있단 말인가!" 하는 분노가 살인이라는 무서운 폭력을 낳은 것이다.

그런데 이후 A가 참회를 했다고 가정하자. 여기서 A의 심리적인 변화는 '사랑'에서 '증오'로, 그리고 다시 '참회'로 이동하고 있다. 심리결정론자라면 사랑이라는 감정이 증오를 유발했고, 또 다시 증오라는 감정이 참회라는 감정을 유발했다고 설명할 것이다. 이 경우 증오의 원인은 사랑에 있고, 참회의 원인은 증오에 있다. 하지만 사랑한다고 해서, 그리고 상대방이 사랑을 배신했다고 해서 '증오'의 감정이 필연적으로 생기는 것은 아니다.

마찬가지로 어느 순간 누구를 증오하였다는 사실이 이후 '참회'의 감정을 필연적으로 야기하지는 않는다. 따라서 일련의 과정을 거치면서 발생하는 심리적인 상태는 결코 인과관계가 될 수 없다. 이는 유사한 상황 속에 놓인 사람들이 모두 그런 행위를 하지 않는다는 점에서도 알 수 있는 사실이다.

따라서 필연성의 법칙이 지배하는 것은 오직 물질적인 세계에서 뿐이며, 인간적 행위에 있어서 필연성에 의해 지배받는 것은 전혀 없다고 보는 것이 타당하다.

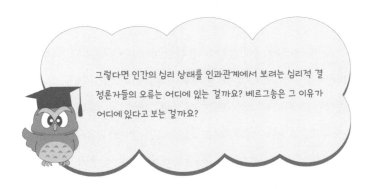

그렇다면 인간의 심리 상태를 인과관계에서 보려는 심리적 결정론자들의 오류는 어디에 있는 걸까요? 베르그송은 그 이유가 어디에 있다고 보는 걸까요?

'심리결정론'의 오류는 하나의 유일한 의식을 이전의 의식과 이후의 의식으로 분리하고 전자를 후자의 원인으로 고려한 데 있다. 다시 말해서 흐르고 있는 하나의 동일한 심리적 상태를 세 가지의 다른 감정 혹은 다른 의식으로 분류한 데 문제가 있다고 지적하고 있다. 이를 설명하기 위해 베르그송은 "연못 위에 떠다니는 나뭇잎들"의 비유를 들고 있다.

마치 연못의 물 위에 떠다니는 많은 죽은 나뭇잎들처럼, 우리의 모든 사유들은 우리 의식의 상태들의 집합체에서 정신화된다.

— 『의식에 직접 주어진 것에 관한 논고』, p.74

위 비유에서 나뭇잎들은 생각들이며, 연못은 의식 혹은 정신을 지칭한다. 수많은 생각들이 떠다니고 있지만 그 모든 생각들은 하나의 의식 또는 정신에 수렴된다. 우리의 의식은 근본적으로 하나이다. 여러 개의 다른 조각들(의식들)이 하나에 모아지거나, 혹은 하나가 다른 여러 개의 조각으로 분산되거나, 혹은 하나의 의식 다음에 다른 하나의 의식이 나타난다고 하는 의식의 다양성은 일종의 선입견이고 조작된 개념이다. 자아란 시간과 공간에 따라서 분열될 수도 없고 다양화될 수도 없다.

사랑한다는 생각과 감정들, 분노하고 증오한다는 생각과 감정들 그리고 마침내 참회한다는 생각과 감정들, 이 모든 것은 하나의 동일한 의식(자아)의 유동이요 흐름일 뿐이다.

여기서 시간이란 '지속'을 의미하며, 다양성이란 곧 '동시성'*을 의미한다. 따라서 '사랑하였던 어제의 의식'과 '증오하는 오늘의 의식'이라는 식으로 자아를 서로 다른 의식처럼 구분할 수가 없다. 마찬가지로 우리의 자아에 발생하는 일련의 감정들을 마치 서로 다른 의식의 감정처럼 늘어 놓을 수도 없고, 마치 분자나 원자처럼 불연속적으로 나눌 수도 없는 것이다. 따라서 사랑, 증오, 참회라는 일련의 감정들은 항상 "단일 계열로서의 의식의 시간le Temps de la conscience comme toujours unilinéaire"에서 발생하는 단일한 의식의 현상일 뿐이다.

• '동시성(simultanéité)'이란 개념은 특히 '기억'을 설명하는 부분에서 그 의미가 잘 드러납니다. 베르그송에게 있어서 과거의 기억이란 과거에 머물러 있지 않으며, 과거에서부터 현재에 이르기까지 항상 지속하고 있지요. 또한 이후의 다른 기억들과 상호교감하면서 하나의 총체적인 기억으로 자리 잡아요. 따라서 과거의 기억은 현재의 기억들에 내포되어 있는 것이며, '의식의 시간'에 있어서는 항상 동시적인 것이랍니다.

사실상 이러한 베르그송의 생각은 우리가 일상적으로도 자주 체험하고 있는 것이다. 어느 시점까지는 사랑하였지만, 언제부터 증오하게 되었고 또 언제부터는 후회하게 되었다고 분명하게 구분할 수 있는 경우는 현실에서 거의 보기 어렵다. 현실세계에서는 사랑하면서 동시에 미워하기도 하고

잠깐!!!

'의식의 시간'이란?

중세 철학자 아우구스티누스Aurelius Augustinus는 "과거는 이미 지나가 버렸고, 미래는 아직 오지 않았으니 실제로 존재하는 것은 현재뿐이다"라고 말하였는데, 시간에 대한 베르그송의 관점도 이와 유사해요. 베르그송은 시간을 물리적인 실체가 아니라 근본적으로 의식의 효과라고 보고 있어요. 시간이란 '무엇이 지속하고 있다'는 것이며, 이것을 의식 속에서 마치 이전과 이후 혹은 어제와 오늘처럼 수평적으로 나열할 수 있기 때문에 시간이라는 관념이 발생하는 거예요. 즉 시간은 본질적으로 의식의 현상, 지속, 동시성을 의미하는 것입니다. '동시성'이란 비록 어제의 사건이 서류상으로는 과거로 분류되지만, 실제 의식 속에서는 현재의 사건에 대한 생각들과 의식에 포함되어 현재의 사건과 '동시적'으로 고려되고 있다는 뜻입니다. 따라서 시간을 어제와 오늘처럼 마치 물리적인 실체로 본다는 것은 시간을 공간화하는 오류라고 생각합니다. 이 때문에 베르그송은 아인슈타인의 시간여행에 대한 생각을 '지속'을 '공간화한 오류'라고 비판하였답니다.

또 후회하다가 다시 사랑한다는 감정을 부정하지 못하고 하는 일들이 반복되는 경우를 너무 쉽게 발견할 수 있기 때문이다. 토마스 아퀴나스는 "인간의 모든 정염들의 뿌리는 사랑이다"라고 말한 적이 있는데, 이는 사랑이라는 하나의 실재가 상황에 따라서 다양한 형식으로 변화되어 나타날 뿐이며, 이들의 근원으로서 유일한 하나의 감정인 사랑은 언제나 지속하고 있다는 것을 말한다. 이처럼 모든 우리의 의식 상태나 다양한 감정들 그리고 이로 인한 우리 행위의 근본적인 원인이 있다면 그것은 곧 우리들의 '하나이고 지속하는 자아'인 것이다.

결국 우리들의 모든 행위에 있어서 그 행위의 원인 혹은 동기란 곧 '동기가 되는 자아moi-agent'이며, 이 자아는 시간과 공간에 있어서 분열될 수도, 다양화될 수도 없다. 다만 자아란 고정된 것이 아니라 마치 연못 위에서 흔들리는 나뭇잎과 같이 떠다니며 운동 중에 있는 것이다. 이 떠다니는 것을 통찰하는 능력이 곧 '직관'이다.

○ 인간은 미래를 예언할 수 있을까?

그런데 통계학이나 경제학에서는 항상 과거에 있었던 인간의 행위를 보면서 미래를 예측하지 않나요? 이는 인간이 동일한 조건 속에서는 항상 동일한 선택을 할 것이라고 전제할 때 가능한 것이 아닌가요? 즉 어떤 특정한 외적·내적인 조건들이 특정한 행위를 불러온다고 말하는 것은 아닌지요?

결론부터 말하자면 인간행위의 미래를 예측하는 것은 집단적인 인간행위일 경우, 통계나 수치의 해석을 통해 어느 정도 가능할 것이지만, 개별 행위에 대해서는 불가능하다. 그 이유는 두 가지이다.

첫째는 인간의 의식이란 끊임없이 운동 중에 있는 것이어서 분석적인 방법으로는 통찰이 불가능하기 때문이다. '한 인간의 의식의 상태를 정확하게 통찰할 수 있다면…'이라는 전제 자체가 무의미한 것이다. 베르그송은 과학과 지성이 본질적으로 '분석'을 그 방법론으로 취한다고 본다. 그리고 분석이란 고정된 것을 분석 대상으로 취하기 때문에, 생명을 가지고 생동하는 것을 규명하기에는 적절하지 않다고 본다.

> 분석이 부동의 것에 대해 작용한다면, 직관은 운동 중에 있는 것을 파악하며, 이는 곧 지속에 대해 관여하는 것이다. 이는 직관과 분석에 대한 분명한 구분이 될 것이다.
>
> — 『사유와 운동』, p.202

> 우리는 불연속적인 것, 부동인 것, 죽은 것을 다룰 때에만 자신감을 가진다. 지성은 생명에 대한 본연적인 몰이해를 특징으로 한다.
>
> — 『창조적 진화』, p.260

고대 철학자 헤라클레이토스Heraclitus는 "만물은 유전流轉한다"라고 하였는데, 베르그송도 같은 생각을 가지고 있다. 그렇기 때문에 본질적으로 분석을 그 탐구의 방법으로 취하는 과학은, 항상 운동 중에 있는 의식의 실재를 파악하는 데 적합하지 않다. 왜냐하면 분석하기 위해서는 어느 한 순간 정지된 것을 분석 대상으로 취할 수밖에 없는데, 이 정지된 한 순간을 고찰하는 동안에도 의식에는 많은 변화가 일어날 수 있기 때문이다. 따라서, 비록 과거와 정확히 동일한 일이 현재에 다시 발생한다고 해도 현재의 자아가 과거와 달리 변화하였고, 또 지금 이 순간에도 변화하고 있기 때문에 과거의 행위에 비추어 현재의 행위를 예측한다는 것은 말이 되지 않는다.

둘째, 인간의 기억 자체가 과거의 기억과 현재의 기억으로 나누어질 수가 없기 때문에 과거와 동일한 의식적 상황이라는 것은 존재할 수가 없다. 다시 말해서 어제의 기억이란 오늘의 기억에 포함되어 있고 용해되어 있어서, 시간과 함께 기억은 계속해서 증폭되고 확산된다. 가령 '오늘날의 한국인의 의식'이라는 것은 우리가 기억하는 역사의 초기부터 삼국시대와 조선시대 그리고 일제강점기와 한국전쟁, 나아가 한강의 기적이라는 경제성장과 민주화운동 등 이 모든 것을 지나 오늘날의 한국인의 의식에 이른 것이다. 따라서 오늘날의 한국인의 기억 속에는 이 모든 역사적인 사건들이 포함되어 있고 녹아 있으며, 이런 다양한 사건들이 새로운 평가와 의미를 거쳐서 하나의 총체적인 기억, 전혀 새롭고 창조적이며 유기적인 '단일성' 안에 응축되어 있다. 따라서 과거 속 어느 한 순간의 기억을 따로 떼어 현재의 상황 속에 적용할 수는 없다. 인간은 동일한 경험을 두 번 할 수가 없기 때문이다. 만일 그렇게 한다면 그것은 '기억의 지속'을 '공간화한 오류'가 될 것이다.

따라서 비록 과거와 거의 유사한 상황이 다시 발생할지라도 이 상황을 마주하고 체험하는 그 의식은 과거와 완전히 다른 것이어서 그에 대한 체험과 결단과 행동은 전혀 다른 방식으로 나타날 수밖에 없는 것이다.

베르그송이 비록 일반진화론자들을 비판하였지만, 진화 현상 자체를 부정하지는 않았다. 오히려 어떤 면에서는 보다 엄밀한 의미의 진화론자였다고 할 수 있다. 왜냐하면 그는 어떤 일정한 부분만 후세에 전달되는 것이 아니라, 욕구와 의지 그리고 영혼의 성향(본성적인 기질)까지도, 즉 일종의 '존재론적인 총체성'이 후세에 전달된다고 보고 있기 때문이다.

지속이란 과거가 미래를 갉아먹고 부풀려 나가면서 전진하는 연속적인 진전이다. 과거가 끊임없이 부풀기 시작하는 순간부터 그 과거는 또한 한없이 보존된다. 기억이란, 우리가 이미 증명하려고 노력한 바 있지만, 추억을 서랍 속에 정리해 넣거나 장부에 기록해 두는 기능은 아니다. 장부도 없고 서랍도 없으며, 엄격히 말해서 이 경우 기능이라는 것조차 없다. 왜냐하면 기능이란 자기가 원할 때나 가능할 때 간헐적으로 발휘되는데, 그에 비하여 과거가 과거 위에 쌓이는 일은 잠시도 쉬지 않고 계속되기 때문이다.

— 『창조적 진화』, P.128

우리가 욕구하고 의지하고 활동하는 데에는, 우리의 모든 과거와 함께 타고 난 영혼의 성향조차도 포함되어 있다. 그러므로 비교적 적은 부분만이 겉으로 나타날지 모르지만, 우리의 과

거는 그 추진력으로 인하여 경향이라는 모습을 띠고 남김

없이 우리에게 나타난다. (…) 우리의 인격은 경험을 축적

하여 한 순간 한 순간 형성되어 가고 끊임없이 변화한다.

(…) 우리는 아무리 작은 부분이라도 같은 체험을 두 번 할

수 없다.

— 『창조적 진화』, p.219

하지만 각각의 인격은 자신의 삶의 역사를 통해서 끊임없
이 변화하고 성숙한다. 그리고 이러한 형성의 과정 속에서
경험과 체험이 계속하여 축적되고 자아는 마치 굴러가는 눈
덩이처럼 확산되고 새롭게 규정되므로 어떤 경우에도 과거
와 동일한 경험이 반복될 수는 없다. 즉 역사의 지속은 과거
의 반복을 근본적으로 차단한다. 따라서 내일 나에게서 발생
할 경험과 체험은 과거나 오늘의 그것과는 완전히 다른 것이
다. "한 번도 지각되지 않았던 것은 필연적으로 예견이 불가
능하다." 미래란 과거에 지각된 것과 현재에 지각된 것을 남
김없이 포함할 뿐만 아니라 미래에 지각된 것도 덧붙여지게
되기 때문에 미리 인식된다는 것은 불가능하다. "이런 상태

는 더 이상 최초 그대로의 역사가 아닌, 독창적인 역사의 독창적인 순간이다."(『창조적 진화』, p.130)

지능은 초인간적일지라도 인간이 어디로 인도될지를 말할 수 없을 것이다. 왜냐하면 전진 중의 행위는 자신이 나아갈 길을 창조하고, 이 행위가 수행될 조건들을 거의 모두 창조하며 따라서 모든 계산을 거부한다.

— 『도덕과 종교의 두 원천』, p.692

이러한 베르그송의 관점에 따르면 의식을 가진 인간이란 본질적으로 자유로운 존재이며 자유를 갈망하게끔 되어 있는 존재이다. 왜냐하면 그의 모든 행위들은 사실상 그의 '자아'의 결과물이기 때문이다. '자유롭지 않다'고 말한다는 것은 사실상 나는 나의 자아를 알지 못한다는 것과 같은 것이다. 사람들은 내가 행한 것에 대해서는 내가 책임을 진다고 말한다. 하지만 사실은 '나인 것에 대해 내가 책임을 진다'는 표현이 맞을 것이다. 왜냐하면 "오직 우리들의 자아만이 행동에 대한 부자관계la relation patérnelle를 주장할 수 있기 때문이다."(『의식에 직접 주어진 것에 관한 논고』, p.131)

O 자유는 창조다

베르그송은 '자유'의 특성을 말하기 위해서 종종 예술가들의 예를 들곤 한다. 왜냐하면 진정한 예술가들에게 자유란 곧 창조이기 때문이다. 여기서 창조란 이전과는 전혀 다른 새로운 '예술적인 분위기'를 뿜어낸다는 것을 말한다.

미술의 역사에서 인상주의가 처음 등장하였을 때, 사람들은 그 그림들을 그림이라고 취급해 주지도 않았다. 고흐 Vincent van Gogh의 그림들을 보고는 '어린아이의 그림이다', '정신병자의 그림이다'라고 비꼬기도 하였다. 피카소Pablo Picasso가 추상화를 처음 전시하였을 때, 기자가 질문을 하였다. "왜 당신은 그림을 이토록 비현실적으로 그렸습니까?" 그러자 피카소는 답하였다. "예, 비현실적인 것이 맞습니다. 하지만 천재적인 작품은 처음에는 우리를 어리둥절하게 하지만 점점 그 존재 자체만으로도 그 작품을 이해하게 하는 예술관과 예술적 분위기를 창조할 수 있다. (···) 그러므로 예술적 작품은 사물이자 힘이다. 그 작품의 물리적인 힘은 이 작품에 예술가가 전달하는 약동이거나 또는 보이지 않으나 그 작품에 깃들어 있는 예술가의 약동 자체이다.

— 『도덕과 종교의 두 원천』, p.498

조금만 기다려 보세요. 곧 현실적인 것이 될 것입니다." 말하자면 현재에는 대중들에게 추상화를 수용할 만한 예술적인 분위기가 형성되어 있지 않지만, 시간이 지나면 추상화의 예술적 분위기가 대중들의 평범한 예술적 분위기가 될 것임을 말하는 것이다.

이러한 일화들은 우리가 예술이라고 부르는 것에 대한 이미지나 정서가 역사적 흐름에 따라 달라지고 있음을 의미하며, 새로운 시대는 새로운 예술적인 정서가 요구됨을 말해 주고 있다. 그런데 이러한 새로운 예술적·심미적 정서는 어떻게 창조되는 것인가? 그것은 순전히 예술가들의 자유에 달려 있다. 고흐는 "내 작품 속에는 내 심장에서 바로 튀어나온 무언가가 들어 있다"라고 했다. 피카소도 "그림 속의 사물들, 동물들과 인물들은 매우 불편하겠지만, 어쩌겠는가, 참아야지! 이것이 나의 자유인 것을…" 하고 말하였다.

이러한 진술은 곧 예술가들이 자신들의 자유로운 활동을 통해서 이전에는 한 번도 경험해 보지 못한 새로운 작품과 새로운 심미적 정서를 창조하는 사람들임을 말해 주고 있다. 다시 말해서 예술가들을 통해서 대중은 자신들의 새로운 감수성을 가질 수 있게 된다. 이러한 창조의 힘은 예술가들의 '자아'에 있고 이 자아를 '작품'에 투영했을 때만 가능하다. 따라서 예술가들의 자유가 박탈된 곳에서 진정한 예술, 진정한 진보란 존재하지 않는다. 베르그송에게 있어서 역사의 흐름이란 진보 혹은 진화를 의미한다. 새로움은 곧 진보를 의미하는 것이며, 역사는 결코 역행하지 않기 때문이다.

　　자연주의-인상주의-추상주의 등과 같은 역사적 변천 과정이 필연적이라고 보는 관점은 대개 관념론적인 사유를 가진 사상가들의 견해이다. 헤겔Georg Hegel의 경우 세계 역사를 순수하게 정신적인 '절대정신'이, 만질 수 있고 볼 수 있는 물질적인 것을 통하여 자신을 시현示顯하고자 하는 과정으로 이해한다. 때문에 그는 인류의 역사는 필연적으로 물질적인 것에서 정신적인 것으로 진보하며 마침내는 완전히 정신적인 것을 실현하면서 완성에 도달할 것이라고 생각하였다. 따라서 인류 역사에 나타난 모든 과거의 정치적·역사적·예술적인 사건들은 변증법적 역사의 필연적인 과정이라고 보고 있다. 이러한 관점에서 보자면 인간이 아무리 자신의 자유의 지를 통해서 무언가 실현했다고 하더라도 사실은 그 이면에 숨겨져 있는 어떤 절대적인 법칙에 의해서 이루어진 결과일 뿐이다.

쉽게 이해하기 위해서 한 예를 들어 보자. 죽음을 앞두고 있는 한 탁월한 과학자에게 자식이 없었다. 이에 자신의 세포를 사용하여 복제인간을 만들어 자신의 아들로 남겨 두기로 하였다고 가정해 보자. 또한 그 아들이 자신처럼 탁월한 과학자가 되기를 원했기 때문에 복제의 과정에서 특수한 유전자 조작을 시도했다고 하자. 그는 자신의 자식에게서 어린 시절에는 수학을 좋아하게 될 가능성 외에 다른 가능성을 모두 제거하고, 청소년 시기에는 관찰과 실험을 좋아하는 특성만을 가지도록 할 것이며, 또 어른이 되어서는 오직 연구에 몰두할 때 가장 행복하고 의미 있는 삶을 살고 있다고 느낄 수 있도록 조작할 것이다. 이렇게 된다면 비록 아이는 전혀 과학자 아버지를 본 적이 없다고 할지라도, 자신의 유전적 본성에 기입된 내용으로 인해, 어릴 때는 수학 신동이 되고, 청년 시절에는 과학 천재가 될 것이며, 나아가 마침내 어른이 되었을 때는 탁월한 과학자가 될 것이다. 자신의 유전자에 무엇이 기록되어 있는지를 전혀 알지 못하는 아이는 자신의 삶이 자신의 자유의지에 의해 이루어졌다고 믿겠지만, 사실상 눈에 보이지 않는 어떤 법칙에 의해 필연적으로 이루어진 것이나 다름없다. 따라서 그의 삶은 자신의 자유의지에 의해서 이루어진 것이 아니다. 여기서 우리는 헤겔의 절대정신을 탁월한 과학자에, 그리고 인류의 역사를 아들의 인생에 비유할 수 있다.

칸딘스키Wassily Kandinsky는 이러한 헤겔의 관점을 그대로 예술의 변천사에 적용하여, 예술의 발전을 질료적인 것에서 정신적인 것으로 발전해 가는 과정으로 보았다. 따라서 이들에게 자연주의에서 인상주의를 거쳐 추상주의로 진보하는 과정은 필연적인 것이다. 즉 인류문명이 보다 정신적인 방향으로 진보하게 되면 대중들도 보다 정신적인 양식을 요청하게 되고 이러한 요구가 '추상화'라는 작품들을 필연적으로 산출하게 한다는 것이다.

역사의 과정을 필연적으로 보는 이러한 관점은 종교적인 영역에서 보다 분명하게 나타나고 있는데, '신의 섭리'라든가

'예정설' 혹은 '운명론' 같은 것이 대표적인 예이다. 예정설의 관점에서 보자면 현재 내가 가지고 있는 직업이나 삶의 형태는 겉으로 보기엔 과거의 나의 자유로운 선택에 의해 이루어진 것 같지만 사실은 그 이면에서 역사를 이끌어 가는 신의 섭리에 의한 것이며, 누구도 이러한 신의 섭리나 '운명'을 거스를 수는 없다. 이러한 관점에서는 인간의 자유라는 개념은 무의미하다.

그런데 이러한 관점을 철학적으로 보면 '목적론적 세계관'과 매우 밀접하게 연관되어 있다. 즉 모든 행위는 목적이 있으며, 세계가 존재하는 것도 하나의 목적이 있기 때문에 존재하는 것이다. 산다는 것 혹은 발전한다는 것은 곧 목적을 이루기 위한 과정이며, 이 과정이 곧 진보인 것이다.

베르그송은 유물론이나 실증주의를 비판하고 있지만, 아리스토텔레스적인 전통형이상학의 '목적론'도 비판하고 있다. 생명이나 인류의 진화에는 궁극적인 목적이 존재하지 않는다는 것이 그의 관점이다. 만일 궁극적인 목적이 있다고 가정한다면 만들어지는 것, 즉 창조되는 것이지 이미 정해진 것은 아니다. 목적을 창조하는 것은 자아의 자유이다. 그는

목적론적 세계관이란?

아리스토텔레스는 대표적인 목적론자인데, 그는 존재하는 것은 무엇이든 '가능성potentia'과 '현실성actus'의 합성으로 되어 있으며, 운동이란 바로 가능성에서 현실성으로 나아가는 과정이라고 생각하였답니다. 달걀의 목적은 닭이 되는 것이며, 은행 씨앗의 목적은 은행나무가 되는 것으로 본 것이지요. 따라서 모든 존재는 자신의 존재 안에 잠정적으로 '목적' 혹은 '완성'을 내포하고 있으며, 산다는 것은 바로 이러한 목적을 실현하는 과정이라고 생각한 것입니다. 따라서 '목적론적 세계관'이란 세계가 이미 출발 지점에서 그 완성이나 목적을 '잠재적으로' 포함하고 있다는 관점이라고 할 수 있어요. 그리고 이러한 관점에서 인간의 행위를 고찰하고 이해하려고 하지요. 예를 들면, 고3이 공부를 열심히 하는 목적은 좋은 대학을 가고자 하는 것이다. 좋은 대학을 가고자 하는 목적은 또 좋은 직업을 가지고자 하는 것이다. 좋은 직업을 가지고자 하는 목적은 좋은 가정을 가지고자 하는 것이다…. 이렇게 인간의 행위는 목적의 계열로 이어지고 있다고 본 것이지요.

'가능적인 것'과 '실제적인 것'을 들어 이를 설명하고 있다.

> 그들이 비결정성과 자유를 말할 때, 비결정성이란 가능적
> 인 것들 간의 경쟁을, 자유란 가능적인 것들에서의 선택을
> 말하였다. 마치 가능성이 자유 그 자체에 의해서는 창조되
> 지 않거나 하는 듯이! (…) 실제적인 것 자체가
>  자신을 가능적으로 만드는 것이
> 지, 가능적인 것이 실제적이 되
> 지는 않는 것이다.
>
> — 『사유와 운동』, p.135

위 베르그송의 말을 예를 들어 설명해 보면 다음과 같이
될 것이다. 위대한 작가인 톨스토이(실제적인 것)가 있었기 때
문에 '작가의 가능성을 가진 어린 톨스토이(가능적인 것)'를 가
정하는 것인가? 아니면 '가능성을 가진 어린 톨스토이(가능적
인 것)'가 있었기 때문에 위대한 작가 톨스토이(실제적인 것)가
있을 수 있었던 것인가?

이러한 질문에 대해서 많은 사람들은 '가능성을 가진 어린

톨스토이가' 있었기 때문에 '위대한 작가 톨스토이'가 있을 수 있었다고 생각하는 경향이 있다. 왜냐하면 모든 비범한 이들은 이미 출발점부터 자신들과는 다르다고 생각하고 이 다른 점이 곧 현재의 그들을 있게 하였다고 믿기 때문이다. 하지만 이러한 생각에는 오류가 있다.

동일한 원인이 동일한 결과를 산출한다는 '보편적인 규정의 원리'는 의식의 사태들의 내적인 세계에서는 그 모든 의미를 상실한다.

— 『의식에 직접 주어진 것에 관한 논고』, p.153

왜냐하면 이러한 생각은 통속적으로 말해 "콩 심은 데 콩 나고, 팥 심은 데 팥 난다"는 법칙을 가정하기 때문이지만, 의식의 세계에서는 전혀 적용되지 않기 때문이다. 이러한 법칙은 오직 물리적인 법칙이나 자연법칙에 해당되는 것일 뿐,

근본적으로 선택의 자유를 가진 인간에게는 —최소한 의식의 내적인 세계에서는— 이러한 법칙들이 무의미해진다. 자신을 배신한 사람을 용서할 수도 있고, 죽음이라는 것으로 보복할 수 있는 것이 인간이기 때문이다. 따라서 톨스토이가 위대한 작가가 된 것은 그가 앞서 지녔던 '가능성' 때문이 아니라, 그의 자유로운 선택과 노력의 결과라고 하는 것이 옳은 것이다.

그런데 대다수의 사람들은 '누구나 작가나 화가가 될 수 있는 것은 아니며, 재능이나 가능성이 있어야 한다'고 생각을 하지 않나요?

물론 재능이 있어야 한다고 말할 수는 있겠지만, 가능성이 있어야 한다고 말할 수는 없다. 그리고 재능이 있다는 말도 사실은 예외적인 경우를 제외하면 무의미한 말일 수 있다. 왜냐하면 재능이란 누구나 어느 정도는 가지고 있는 것이며, 이는 노력 여하에 따라서 커질 수도 있고 상실될 수도 있는 것이기 때문이다.

예를 들어 보자. 한 공무원이 사고로 실명을 하여 더 이상 공직을 수행할 수가 없게 되자 글을 쓰는 일로 자신의 두 번째 인생을 선택했다고 하자. 마침내 그가 훌륭한 작가가 되었을 때, 작가가 된 원인이 실명에 있다고 말할 수 있을까? 아니면 작가가 된 진짜 원인이 애초에 그에게 잠재적으로 내재해 있던 '훌륭한 작가'라는 가능성에 있었다고 말할 수 있을까? 두 가지 모두 진정한 답변은 아닐 것이다. 작가가 된 원인은 '실명'도 아니요, '가능성'도 아니다. 만일 그렇게 말한다면 그것은 '결과'만 보고 '원인'을 억지로 유추하는 것에 지나지 않는다. 왜냐하면 만일 그가 작가가 아니라 화가가 되었다면 화가로서의 가능성이 그에게 먼저 있었다고 말할 것이요, 성악가가 되었다면 성악가로서의 가능성이 먼저 있었다고 말할 것이기 때문이다. 마찬가지로 만일 그가 작가로서도 화가로서도 실패하였다면 아무도 그에게 가능성이 있었다고 말하지 않았을 것이다.

만일 누군가 그에게 '가능성'이 있었기 때문에 '훌륭한 작가'가 될 수 있었다고 한다면, 그 가능성은 '작가가 되었기 때문'에 가정된 것이며, 작가가 되지 않았다면 가정되지 않는 것이다. 즉 가능성이란 그의 자유로운 선택과 노력이 만들어 낸 것이다. 그래서 그가 훌륭한 작가가 된 원인을 말한다면 그것은 곧 '그의 자유로운 선택'과 '노력'뿐이다.

최소한 의식의 세계에 있어서는 모든 자연법칙이라는 것이 무의미해진다. 공무원이 위대한 작가가 된 과정 속에는 어떠한 보편적인 법칙이나 일반적인 법칙이 끼어들 틈이 없다. 왜냐하면 동일한 사고를 당하여 실명한 모든 사람들이 결코 동일한 결과를 산출할 수는 없기 때문이다. 그래서 베르그송은 "예측하기prévoir, 보기voir, 행동하기agir 사이에는 눈에 띄는 차이가 존재하지 않는다"(『의식에 직접 주어진 것에 관한 논고』, p.153)라고 말한 것이다. 이는 곧 지금, 현재, 나의 행위에 이 모든 것이 집약되어 있음을 말하고 있는 것이다. 즉 그림을 그리면서(행동), 그림이 무엇인지 알게 되고(보기), 앞으로 그림을 잘 그릴 수 있음을 미리 알게(예측) 되는 것이다. 모든 것은 행동하는 개인에게 집약되어 있고, 무엇을 획득할

것인가 말 것인가도 행동하는 개인의 자유와 노력에 달린 것
이다.

따라서 베르그송에게 있어서 '자연주의-인상주의-추상주
의'라는 역사적인 변천은 결코 역사의 필연적인 과정으로 볼
수가 없으며, 그렇다고 우연적인 결과도 아니다. 이는 다만
개개인의 자유로운 선택, 즉 창조적 행위의 결과일 뿐이다.
다만 이러한 창조적인 행위가 '진보' 혹은 '발전'이라는 형식
으로 나타나는 것이다.

실제로 철학은 예측 불가능한 새로움이, 이
렇듯 연속적으로 창조된다는 사실을 솔직히
인정한 적이 없었다.

— 『사유와 운동』, p.135

사실 베르그송의 시선에는 항상 운동 중에 있고 진보 중
에 있는 세계 그 자체가 곧 일종의 창조 중에 있는 세계로 보
이는 것이다. 끊임없이 새로운 것이 창조되는 인류의 역사는
베르그송의 눈에는 '예측이 불가능하고 중단 없는 창조'로 보

인다. 그럼에도 과학이나 철학은 이러한 창조의 지속을 말하지는 않는다. 알지 못하였거나 알고도 인정할 수가 없었던 것이다.

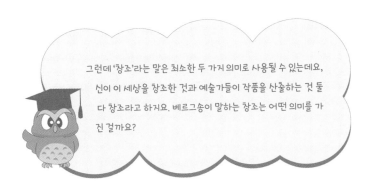

그런데 '창조'라는 말은 최소한 두 가지 의미로 사용될 수 있는데요, 신이 이 세상을 창조한 것과 예술가들이 작품을 산출하는 것 둘 다 창조라고 하지요. 베르그송이 말하는 창조는 어떤 의미를 가진 걸까요?

토마스 아퀴나스는 '창조'란 "존재의 시작을 의미하는 것이거나, 이전에 없었던 전혀 새로운 양태가 산출되는 것"이라고 말한 바 있다. 존재의 시작이 무에서 유를 창조한 '신에 의한 세계의 창조'를 의미한다면, 새로운 양태의 출현은 '예술가들의 창작행위'를 혹은 '새로운 문화나 관습의 시작'을 말한다고 볼 수 있다. 베르그송이 창조를 말할 때에는 후자를 말하는 것이지만 사실 더 많은 의미를 포함한다고 볼 수 있다. 그는 세계가 존재하는 방식이 '창조적'이라고 보기 때문이다. 여기서 핵심은 '새로움의 산출'이다. 앞서 보았듯이 인간은 동일한 사건을 결코 두 번 체험할 수 없다. 산다는 것은 끊임없는 새로움의 연속이라고 보기 때문에 세계가 곧 창조의 연속 혹은 창조적인 흐름인 것이다.•

물론 베르그송은 이러한 지속적인 세계창조의 진정한 원인이나 근본적인 이유 등에 대해서는 질문하지 않는다. 그것이 절대자라거나 기독교의 신이라는 가정은 하지 않는다. 왜냐하면 그것은 인간의 지성으로 통찰할 수 없기 때문이다.•• 다만 그는 세계 안에 '생의 약동'이라는 것이 주어져 있기 때문에 세계가 지속적으로 창조되고 있다는 것을 직관을 통해 통찰하고 있을 뿐이다. 그렇기 때문에 그는 의지를 가지고 자신의 자아를 자유롭게 창조하며 문명을 창조하는 인간을 '스스로를 창조하면서' '세계의 창조에 동참'하고 있는 존재로 보는 것이다.

모든 사물의 기원이면서 우리들의 눈 앞에 진행 중인 그 위대한 창조의 작업에 우리가 참여하고 있다는 것, 우리 자신의 창조자가 바로 우리라는 것을 느낄 것이기 때문이다.

— 『사유와 운동』, p.137

그는 인류의 역사에 나타나는 사회적인 발전 역시도 이러한 '자유와 창조'라는 관점에서 고찰하고 있다. 그는 구약시대의 예언자(선지자)들이 성경이 전하는 '의로움'에다 많은 새로운 내용을 새겨 넣었다고 보고 있으며, 이러한 새로운 내용들을 '창조'라고 본다. 그리고 이러한 창조적인 노력이 결국 오늘날 '보편적인 공화국'이란 것을 창조해 냈다고 보고 있다.

적어도 선지자들은 정의正義에다, 그것이 지니고 있었고 그 이후로 무한히 확장된 내용에 새겨 넣었던 극단적인 명령적 성격을 부여했다. (…) 정의 각각은 하나의 창조이며, 문은 항상 새로운 창조를 향해 열려 있다. 선지자적 전통이 정의의 형식에 대해 그러했듯이, 정의의 내용에 대해 결정적이었던 진보는 도시의 경계선에 머물렀고, 또한 도시 안의 자유로운 사람들로 만족한 상태를, 모든 인간을 포함하는 보편적인 공화국으로 대치하는 데에서 성립했다.

― 『도덕과 종교의 두 원천』, p.499

루소Jean Jacques Rousseau도 자연인이 시민, 즉 사회적 존재로 이행하는 것을 '필연적인 사태'로 보지 않았으며 인간의 자유로운 선택이라고 생각하였다. 그가 『사회계약설』을 통해 제시한 '공화국에 대한 비전' 역시도 필연적으로 도달하게 되는 이상사회로 본 것이 아니라, 사회악을 최소화하기 위한 차선의 선택이라고 보았다. 이러한 관점에서 베르그송의 사유는 루소의 관점과 일맥상통하고 있다. 이들에게 있어서 '인간의 자유'를 배제한 '필연적인 세계'라거나 '반드시 도달할 수밖에 없는 이상사회'를 주장하는 '공산주의 이론' 혹은 가까운 미래에 '종말'이 올 것임을 주장하는 '종말론' 등은 일종의 '이데올로기'에 지나지 않는 것이다.

베르그송에게 인간이란 의식을 가진 존재이며, 의식을 가진 인간은 결코 머물러 있거나 정체되어 있지 않고 변화를 꾀하는 존재이다. 그리고 "변화란 성숙한다는 것, 성숙이란 자기 자신을 한없이 창조하는 데 있다는 것"(『창조적 진화』, p.131)을 의미한다.

3장

진화론에 대한
코페르니쿠스적 전환

현대문명의 특징은 과학의 진보에 있다는 사실을 의심할 사람은 아무도 없을 것이다. 그리고 이 과학 진보의 마지막 종착점은 우주다. 하지만 우주를 다룬 작품들 가운데 적지 않은 수가 오히려 생명의 근원이나 인류의 기원에 대해 질문한다는 점은 아이러니하면서도 중요한 시사점을 던지고 있다. 스탠리 큐브릭Stanley Kubrick 감독의 SF 영화 〈2001: 스페이스 오디세이〉는 인류의 탄생에서부터 우주로 도약하기까지의 경이로움, 그리고 과학기술에 대해 가진 인간의 오만함, 나아가 생명의 순환에 대한 신비주의를 암시하는 매우 철학적인 영화다. 수많은 SF 영화들에게 영감을 준 이 영화는 다양한 해석이 가능한 영화임이 분명하다. 그중에서도 학문적 관점에서 가장 매력을 끄는 점이 있다면 인류의 진화를 촉진한 '모노리스Monolith'의 등장이었다. 모노리스는 인류 진화의 촉진제였을 뿐만 아니라, 주인공이 무한의 우주 저편에 도착하여 새로운 삶을 시작하게 하는 근원적인 힘처럼 등장한다. 이러한 설정은 비록 소설적인 설정이겠지만, 인간의 보편적인 정신에 있어서 부정할 수 없는 진실이기도 하다. 왜냐하면 경이적인 인류의 탄생과 진화, 그리고 마침내 무한한 우주의 저편에까지 관심을 가지게 된 인류의 삶이 모두 우연의 결과나 물리·화학적 작용의 결과로만 볼 수는 없기 때문이다.

베르그송의 『창조적 진화』는 생명과 인류의 탄생, 그리고 끊임없는 진화를 통해서 마침내 자신과 우주에 대해 관심을 가지게 된 근원적인 힘, 영화 속의 모노리스처럼 생명의 전 역사와 진화의 역사에 영향을 주고 있는 그 근원적인 힘에 대해 질문하는 책이다. 그는 이 책에서 형이상학적인 의미를 모두 제거하고 오직 물질적인 차원에서 생명의 진화를 해명하고자 하였던 기존의 진화론을 비판한다. 그러면서 과학적 지평과 형이상학적인 지평이 하나를 이루게 되는 새로운 진화론을 주창한다. 그의 '창조적 진화'에 대한 이론은 생명의 탄생과 인류의 진화, 그리고 그 미래에 대해 관심을 가진 이라면 누구라도 그냥 지나쳐 버릴 수 없는 놀라운 인류의 유산이라는 사실 부정할 수 없다.

O 모든 것의 시작, 엘랑비탈

앞서 말한 바 있지만 베르그송의 진리관은 '실재le réel'를 통찰하는 데 있다. 실재란 '있는 그대로의 것', '진정으로 그러한 것' 혹은 '존재하는 것의 진면목' 등으로 설명할 수 있다. 실재란 지속이고, 지속이란 끊임없이 변화하며 운동 중에 있는 것이다. 그러므로 분석을 통해 고정된 것을 고찰하는 과학은 이 실재를 파악하는 데는 적합하지 않다. 실재를 파악하는 것은 곧 '직관'이다. 직관은 형이상학의 방법이 될 수도 있고 혹은 직관이 곧 형이상학일 수도 있다.

그런데 실재를 안다는 것이 왜 중요한 것인가? 그 이유는 '실재'를 통찰하고 이해하는 일이 모든 문제를 해결하는 데 있어서 우선적으로 요청되는 일이기 때문이다. 베르그송은 "무엇이 문제인지를 정확히 파악한다면 답은 이미 그곳에 있다"고 생각한다. 이러한 그의 견해는 선입견과 속단에 물들어 있는 일반인들에게 중요한 지점을 상기해 준다. 사람들이 많은 문제로 고민하고 괴로워하고 힘들어 하는 이유가 사실은 그 문제의 본질이 정확히 무엇인지를 모르기 때문이라는 것은 일상에서도 자주 체험할 수 있다. 데카르트는 의심할 수 있는 모든 것을 의심해 보고 더 이상 의심할 수 없는 것, 스스로에게 명석판명하게 남아 있는 것, 그것을 '실재'라고 생각하였고, 불교에서도 우리가 고통받고 있는 것은 '허상'을 실재로 착각하고 있기 때문이며 허상을 모두 제거하고 남는 것, 그것을 실재(진여)라고 하였다.

> 그런데 만일 과학적 방법으로 '실재'를 알 수 없다고 한다면, 어떤 방법으로 실재를 알 수 있을까요? 다시 말해 직관은 어떻게 이루어지며, 어떤 과정을 거쳐 직관에 이를 수 있는 걸까요?

과학적인 방법에 대해 회의적이었음에도 불구하고 베르

그송은, 형이상학은 과학에 대립하거나 과학을 배제하는 것이 아니라 오히려 과학에 대한 깊은 이해에 기초하여야 한다고 보고 있다. 그리고 형이상학은 과학에 종속되는 것이 아니라 고유한 방법과 지향을 가진 독립된 영역이어야 한다는 것이 그의 생각이다.

'직관'이란 언어적인 의미로서는 헤아림이 없이 '단김에 파악하는 것'을 말한다. 반면 학문적 방법론으로서의 '직관'이란 오히려 다양한 방법으로 대상을 고찰한 뒤, 마지막으로 종합적 혹은 총체적으로 사태의 진면목을 통찰하는 것이라고 할 수 있다. 그렇기 때문에 감각에 의한 경험, 이성이나 지성에 의한 분석과 종합 이후에 최후로 나오는 것이 '직관'이다.

바로 이러한 이유로 베르그송은 형이상학적 방식이 올바로 작용하기 위해서라도 과학적 방법론과 성과에 대한 정확한 이해가 필수적이라고 본 것이다. 그리하여 그는 당대에 새롭게 주장된 모든 과학적인 이론들 ―세포학, 발생학, 고생물학, 물리학, 상대성이론, 진화론, 유전공학, 심리학 등― 에 대해서 고찰하고 이들이 지닌 공통적인 결함들을 간파하

> 다시 한번 말하거니와, 철학은 이러한 문제와 전혀 별개의
> 것이거나, 아니면 철학의 역할은 과학의 역할이 끝나는 곳에
> 서 시작된다.
>
> — 『창조적 진화』, p.267

여 형이상학적인 차원에서 이들이 간과하고 있는 '실재'에 주
목한 것이다.

　그의 『창조적 진화』는 이러한 관점에서 인류의 전 역사,
아니 지구의 전 역사를 '생명의 거대한 진화'라는 차원에서
고찰하면서 총체적으로 새롭게 정립한 결과물이다. 우리는
여기서 생명을 중심으로 한 유기적이고 총체적인 하나의 거
대한 세계를 발견할 수가 있는데, 이러한 측면에서 우리는
이 책을 '생명의 관점에서 고찰한 세계관'이라고 부를 수 있
을 것이다. 그렇기 때문에 베르그송의 사상을 '생철학' 혹은
'생명 사상'이라고 부른다는 것은 정당한 것이다.

이러한 베르그송의 세계관에서 처음부터 끝까지 지속적으로 생명체의 진화를 촉발하고 이끌어가는 근원적인 힘이 곧 '엘랑비탈Élan vital*', 즉 '생의 약동'이다. 베르그송은 이 생명의 근원적인 힘이 어디에서 왔는지 말하지 않지만 다만 이를 '선물'이라고 표현하고 있다.

• 여기서 '생의 약동'이라고 번역된 'Élan vital'을 그대로 직역하면 '생명적 도약' 혹은 '생의 도약'으로 될 것입니다. 하지만 이미 '생의 약동'이란 용어가 전문용어처럼 사용되고 있기에 '생의 약동'으로 그대로 사용하고 있습니다. '약동'은 가만히 있지 않고 요동친다는 의미를 가지고 있지만, '도약'이란 이전 상태에서 한 단계 상승된 움직임을 의미합니다. 즉 베르그송에게 있어서 생명이란 '무엇'이라고 정의할 수 없을 만큼 끊임없이 요동치고 있으며, 항상 보다 나은 상태로 도약하고자 하는 운동을 의미합니다. 그래서 진화의 근본적인 이유도 바로 생명의 본질인 '생의 약동'에 있다고 보는 것이랍니다.

모든 인간의 형상 안에서 지성은 질료를 자극하는 영혼의 노력을 통찰한다. 이 영혼은 무한히 부드럽고, 영원히 움직이며 무게로부터 벗어난 그러한 영혼이다. 왜냐하면 영혼을 산출하는 것은 땅이 아니기 때문이다. 이러한 영혼의 가벼움으로부터 영혼은 질료에 생명을 불어넣는 그 어떤 것을 전달한다. 질료

안에서 질료를 초월하는 이러한 비-질료성, 이는 사람들
이 '선물'이라고 부르는 어떤 것이다.

— 『웃음』, p.22

　　'생의 약동'이 선물인 이유는, 이것이 이미 주어진 물리적
인 요소나 에너지로부터 파생되어 나온 것이 아니라, 모든
물질적인 것 안에 이미 이 생명의 약동이 내재해 있다고 보
았기 때문이다. 그리고 이 선물의 주체가 누구인지를 말할
수 없는 이유는 아직 인간의 정신이 주어진 물질의 세계를,
우리들이 사는 우주를 넘어설 수가 없기 때문이다. 아마도
이런 관점은 영혼(이성혼)의 기원을 '외부에서 온 것이나, 어
딘지는 알 수 없다'고 말한 아리스토텔레스와 맥을 같이하고
있다고 볼 수 있다.

『창조적 진화』에서 베르그송의 사상은 전혀 종교적인 색채를 띠지 않으며, 마치 순수한 과학자와 같은 모습을 보여 주고 있습니다. 반면 그의 후기 저작인 『도덕과 종교의 두 원천』에서는 그의 사유가 분명하게 크리스천의 사상을 드러내고 있지요. 즉 그는 이 세계와 생명의 근원을 '신'이라고 말하고 있답니다. 아마도 과학적인 주제를 다룰 때는 과학자의 입장에서, 도덕적인 주제를 다룰 때는 ―그가 유언장에서 밝혔듯이― 종교인(가톨릭)의 입장에서 자신의 사유를 드러내고 있다고 볼 수 있겠지요.

베르그송에게 있어서 생명의 기원은 알 수 없지만, 지구상의 모든 생명체의 기원이 무엇인지는 알 수가 있다. 그것은 곧 태초에 '생의 약동'이 있었고, 이 '약동'이 물질적인 저항을 넘어서 다양한 생명체들로 분화해 갔다는 것이다. 일반 진화론자들은 생명체의 기원을 몇몇 기본적인 유기물과 전기에너지의 합성으로 설명하겠지만, 베르그송은 이미 물질 안에 생의 약동이 관통하고 있다고 본다. 또한, 진화론자들은 진화의 원인으로 '돌연변이'나 '환경에 대한 적응'을 들겠지만, 베르그송은 진화의 원인이 오히려 물질적·환경적 저항을 극복하고자 하는 '생의 약동'에 있다고 보고 있다. 이러한 저항이 식물을 만들고, 곤충을 만들고, 지성적 존재를 만든 것이다.

'생명이 물질적 저항을 극복하고자 한다'는 표현은 매우 낯선데요. 물질적 저항은 무엇을 의미하며, 이를 극복하고자 하는 이유는 또 무엇일까요?

이러한 질문은 세계를 이루고 있는 가장 기본적인 요소들 혹은 존재하는 것들의 가장 기초적인 조건에 대해서 질문하는 것이다. 물질이 생명에 대해서 '저항' 혹은 '장애'라고 말할 수 있는 이유는 생명이란 본질적으로 '약동하는 것'이나, 물질(질료)은 '고정되어 있는 것'이기 때문이다. 즉 '존재'란 단단하고 고정된 물질 안에 '비-규정적'이고 '비-질료적'인생의 약동이 내재되어 있는 것을 말한다. 이 '생의 약동'은 아무리 과학이 발전한다고 해도 과학적으로는 발견될 수 없는 것이다. 그것은 질료적인 것과는 질적으로 다른 것이기 때문이다.

> 사실 곡선이 직선들의 합성물질이 아니듯이, 생명 또한 물리·화학적 요소들로 이루어진 것이 아니다.
>
> — 『창조적 진화』, p.150

생명이 물질에 저항한다는 표현은 마치 부화를 앞둔 병아리(생명)가 달걀의 껍질(질료)의 저항을 깨고 탄생하고자 하는 것에 비유할 수 있다. 병아리는 달걀의 껍질을 깨고 나와야만 자유로울 수 있기 때문이다. 마찬가지로 생명은 그 자체로 자유롭고자 하기 때문에 본질적으로 자신을 구속하는 질료의 장애를 극복하고자 한다.

이러한 관점에 비추어 보면 베르그송에게 있어서 애초에 세계란, 고정되어 있고 무감각한 물질(질료) 안에 약동하는 생명이 갇혀 있던 곳이다. 그리고 이 약동하는 생명에는 비-질료적인 것, 즉 의식이 잠들어 있으며, 이 의식은 자유롭게 되고자 한다는 것이다. 따라서 생의 약동이 어느 순간 질료의 단단한 껍질을 깨고 자유롭게 되면 그것을 곧 '생명체'라고 부르는 것이다. 그리고 이 생명체는 계속하여 질료적인 저항을 극복하면서 새로운 형태와 새로운 종種을 창조해 가

우리의 분석이 정확하다면, 생명의 근원은 바로 의식이다.
— 『창조적 진화』, p.333

우주는 지속한다. 시간의 성격을 깊이 탐구하면 할수록, 지속이란 발명과 형체의 창조, 절대적으로 새로운 것의 계속적인 건조建造를 의미한다는 사실을 우리는 이해하게 될 것이다.
— 『창조적 진화』, p.134

는 것이다.

진화는 환경의 요인 때문이 아니라 생명이 내부에 가진 약동의 힘 때문이며, 의식이 진화의 산물이 아니라, 오히려 진화의 근원이라는 것은 완전히 새로운 관점이다. 이는 생명의 탄생을 '물리·화학적인 작용의 결과'로 그리고, 진화의 현상을 '자연선택', 즉 '환경에 대한 적응適應'과 '적자생존'으로 규정하던 이전 관점과는 전혀 상반되는 관점이다. 즉 베르그송은 진화를 비-질료적인 것이 물리·화학적인 장애와 환경의 장애를 극복하고자 하는 '자유의 몸부림'처럼, 즉 '질료에 대한 의식의 승리'처럼 여기고 있다. 따라서 이러한 관점의 전환은 정당하게 '진화론에 대한 코페르니쿠스적인 전환'이라고 할 수 있다.

○ 진화는 지속이다

진화현상에 관한 베르그송의 사유를 보다 잘 이해하기 위해서 '지속'의 개념을 다시 언급해 보자.

천문학자들은 머나먼 우주의 별자리에 관심을 가진다. 그들은 10만 광년이니 3억 광년이니 하는 참으로 상상이 불가능할 만치 멀리 떨어져 있는 성운이나 은하에 대해 궁금해한다. 빛의 속도로 3억 년 동안이나 가야 도달할 수 있는 곳은 얼마나 먼 곳일까? 상상이 불가능하다. 아무리 기술이 발달하고 아무리 좋은 우주선이 만들어진다고 해도 이러한 은하는 그 누구도 도달할 수 없으며, 인류가 지구상에서 멸종하기까지 별자리에 도달하여 직접 눈으로 헤아릴 수 있는 날은 결코 오지 않을 것이다. 그럼에도 인간이 이토록 먼 우주의 은하나 별자리에 관심을 가지는 이유는 무엇일까? '원래 인간이 호기심이 많기 때문일까?' 그럴 수도 있다. 하지만 '호기심이 많아서'라는 답변은 학문적인 답변은 아니다. 가장 그럴듯한 답변은 무엇일까? 그것은 '존재란 곧 지속'이기 때문은 아닐까?

존재란 총체적인 지속이다. 즉 모든 존재는 서로 관계성을 가지며 전체로서 존재하는 지속이다. 세계란 서로서로 영향을 주고받으며 하나의 전체를 이루고 있다. 따라서 세계로부터 태양계를 따로 분리하여 고찰하거나, 태양계로부터 지구만 따로 분리하여 고찰하는 것은 다만 연구의 편이성 때문에 택하는 방법이지, 올바른 고찰 방법은 아니다. 진정 우리 자신의 존재를 이해하고자 한다면, 전체와의 관계성 속에서 이해해야만 한다. 즉 머나먼 우주를 이해하고자 하는 것은 곧 우리 자신의 존재를 이해하고자 하는 것이다. 그러므로 그것이 무엇이든지 '실재'란 전체로부터 따로 분리하여 생각될 수가 없는 것이다.

실재는 전체적이어서 불가분적인 성장이며, 점진적인 발명, 예컨대 지속이다.

— 『사유와 운동』, p.123

그런데 과학적 탐구라는 것은 '지속'을 의미하는 '실재'를 부분부분으로 분리하여 분석하고, 분석한 것을 다시 재배열하여 '체계'를 만드는 것이라고 할 수 있다. 따라서 체계란 '실재'가 아니라 실재를 도식적으로 보여 주는 일종의 '상징적

언어'라고 해야 한다. 나아가 하나의 체계는 전체라는 체계에 통합될 때 실재를 보다 더 '상징적으로' 잘 드러내 주는 것이다. 하지만 진정한 실재를 이해하기 위해서는 체계로부터 물러나 '직관'을 통해 지속을 통찰해야 한다.

각각의 체계들을 체계들 전체 속에 재통합시킬 때 우리의 존재형식과 유사한 형태가 유지된다. 그러나 우리는 그 체계들을 전체 속의 제자리에 되돌려 놓아야만 한다.

— 『창조적 진화』, p.134

생명도 마찬가지다. 모든 살아 있는 것은 생명체의 지반인 '생의 약동'을 공유하고 있기 때문에 서로서로 연관되고 영향을 주고받으며 하나의 지속을 이루고 있다. 하나의 세포는 전체 육체와의 관계성 속에서만 제대로 이해될 수 있고, 한 생명체는 또한 전체 생명의 사슬 속에서만 제대로 이해될 수가 있다. 이렇게 생명은 전체적으로 하나의 유기적인 통일성을 이루려는 특성을 가지고 있다.

> 그 생명체 역시 한 부분의 연장으로 구성되어 있고, 이는 연장의 나머지 부분에 연결되어 '전체'와 불가분의 관계를 맺고 있으며, (⋯) 그 살아 있는 생명체에서는 이질적인 부분들이 서로 보충적으로 구성되고, 서로 연루되는 여러 가지 기능을 완수한다.
>
> — 『창조적 진화』, p.135

이뿐만 아니라 근원적으로 '생동적이고', '약동하는' 생명은 그 자체로 하나의 진화다. 따라서 약동하는 불꽃과 같은 생명은 형태를 가지지 않는다. 형태를 가지지 않기에 생명은 '디지털적'인 것이 아니라, '아날로그적'인 것이다.

> 생명은 하나의 진화이다. 우리는 이 진화의 어느 한 시기를 고정된 모습 속에 집약시켜 이를 형태라고 부른다. (⋯)

그러나 사실 물체는 수시로 그 형태를 달리하고 있다. 아니, 애초에 형태란 존재하지 않는다. 형태는 부동인데 실재는 운동이기 때문이다.

— 『창조적 진화』, p.378

그런데 생명체는 단순한 무기물과 달리 양적인 총체를 구성하고 있지만은 않다. 여기서는 질적인 총체, 즉 시간의 지속까지를 포함하고 있다. 다시 말해서 자신이 알지 못하는 먼 과거의 기억까지 포함하고 있는 것이다.

생명은 이처럼 출생 이전부터 있는 성장의 연장이다.

— 『창조적 진화』, p.140

생물의 성장은 배아의 성장과 마찬가지로 지속의 부단한 기록, 즉 현재 속에 계속되고 있는 과거의 존속이다. 따라서 그것은 최소한 외형적으로는 유

기적 기억을 전제로 한다.

— 『창조적 진화』, p.141

내가 알지 못하는 출생 이전의 기억을 성장시킨다는 이러한 표현은 언뜻 이해하기 어렵다. 여기서 말하는 출생 이전의 기억이란 세상 사람들이 말하는 '전생의 기억'은 분명 아니다. 이는 우리가 분명히 인지할 수는 없지만 우리의 영혼에 각인된 과거의 기억들이다. 좀 더 현대적으로 말하자면 유전공학에서 말하는, 유전자에 기입된 정보들이라고 하는 편이 더 적합할 것이다.* 달리 말하면 모든 생명체는 먼 조상의 시대부터 생명에 기록된 어떤 '경향성', 어떤 '특수한 능력', 어떤 '친밀성' 등을 태생적으로 지니게 된다는 말이다.

그렇기 때문에 베르그송에게 있어서 '나는 왜 탄생하였는가?', '나의 삶의 궁극적인 목적은 무엇인가?' 하는 등의 근원적인 질문에 답이 없는 것이 아니다. 다만 이러한 질문

* 사실 베르그송에게 있어서 '유전자'란 오늘날 과학자들이 말하는 'DNA'를 의미하는 것은 아니랍니다. 'DNA'란 다만 눈에 보이지 않고 불가분한 총체, 즉 '실재'로서의 유전자가 도식화되고 수치화된 일종의 '상징적인 기호'에 불과한 것이지요.

에는 내가 살아오고 내가 경험했던 것만으로는 답하기 어렵다. 이는 내가 직접 경험하고 체험한 기억들과의 유기적인 통합을 의미하는 '기억의 지속'을 통해서만 답할 수 있는 것이고, 나의 조상이나 나의 민족, 나아가 인류의 기원이라는 총체적인 역사가 '기억의 지속'이라는 형식을 통해서 나의 존재에 기록된 것이다.

이 생명체의 현 순간이 자기의 존재 이유를 직전의 순간에서 찾아볼 수는 없으며, 유기체의 모든 과거, 유전, 그리고 지난날의 길고 긴 역사의 총체까지 합쳐서 고찰해야 한다는 사실을 의미할 수도 있다.

— 『창조적 진화』, p.141

종교나 형이상학은 '인간은 어디서 왔는가?' 혹은 '인간의 궁극적인 존재 목적은 무엇인가?'라는 질문을 하곤 한다. 그런데 누군가 "왜 현실적인 삶과 전혀 무관한 질문을 던지는

가?"라고 되묻는다면 무어라고 답할 것인가? 이미 답한 적 있듯이, 인간이 '실재'를 알고자 하기 때문이다. 시간 혹은 역사에 있어서 진정한 실재란 '처음과 끝'을 모두 포함하는 것을 의미한다. 이러한 관심에 응답하기 위해서 과거의 철학자들은 '궁극성'이란 것을 상정하였고, 현대의 과학은 궁극성을 '메커니즘'으로 대신하고자 한 것이다. 하지만 베르그송은 '궁극성'도, '메커니즘'도 인간적 삶의 '실재'를 말해 주지는 않는다고 보고 있다.

예를 들어 보자. 누군가 어떤 사람에게 다음과 같은 질문을 하였다. "나도 그림을 그리고 싶은 갈망이 있지만, 한 번도 그림을 직접 그려 보지는 못했습니다! 그 원인이 무엇일까요?" 아마도 어떤 사람은 "당신에게 주어진 삶의 목적(궁극성)이 화가가 아니기 때문일 것입니다"라고 답할 것이며, 또어떤 사람은 "당신이 처해 있는 현실의 구조(메커니즘)가 당신에게 그것을 허락하지 않았기 때문이지요"라고 답해 줄 것이다. 하지만 베르그송은 대답을 하는 대신에 다음과 같이 말할 것이다. "당신의 질문은 무의미한 질문입니다!" 왜 그럴까? 베르그송은 또 다음과 같은 말을 덧붙일 것이다. "만일 진정으로 당신이 그림을 그리고자 했다면 이미 당신은 그림을 그리고 있었을 것이기 때문입니다." 즉 그가 현재 하고 있는 일이 곧 그가 원했던 일이라는 말이다.

> 그런데 오늘날 사람들은 "더 이상 개천에서 용이 날 수 없다"라고 하지 않나요? '금수저', '흙수저'라는 말을 하기도 하는데, 이는 태어날 때 정해진 조건에 의해 미래가 결정된다는 것을 의미하지 않나요? 따라서 지금 그가 하는 일이 곧 그가 원했던 일이라는 표현은 지나친 표현이 아닌가요?

　"지금 그가 하고 있는 일이 그가 진정으로 원했던 일을 말해 주고 있다"는 표현을 물론 문자 그대로 받아들일 수는 없다. 이런 생각을 현실의 모든 일에 일괄적으로 적용한다는 것도 말이 되지 않는다. 우리는 분명 간절히 원하는 것이 있지만 현실적인 조건과 한계로 인해 그것을 선택하지 못할 수 있기 때문이다. 하지만 인생 전체를 놓고 본다거나, 삶의 태도나 자아의 모습 등에 적용한다면 충분히 그렇게 생각할 수 있다. 그가 화가인가 미술교사인가? 그가 글을 쓰는 작가인가 기업을 운영하는 사업가인가? 그가 물리학도인가 철학도인가? 그는 A의 친구인가 B의 친구인가? 특히 도덕적 차원에서 그가 수전노守錢奴인가 자비로운 사람인가? 깨끗한 정치인인가 위선적인 정치인인가? 하는 것 등이 문제가 될 때, 우리는 "누구나 그가 원하는 바를 얻게 된다"는 말을 진실로 받아들일 수 있기 때문이다.

베르그송이 말하고자 하는 것은 삶 혹은 인생이라는 것도 그 실재는 '지속'이라는 것이다. 우리는 편의상 인생을 유아기, 청년기, 장년기, 노년기 등으로 구분하지만 사실 기억이나 의식의 차원에서 보자면 하나의 기억, 하나의 의식이 있을 뿐이다. 과거의 기억이란 낡은 서류처럼 뇌의 구석진 곳에 보관되어 있는 것이 아니다. 사실 보관장소라는 곳도 없다. 어제의 기억은 오늘의 기억에 삽입되어 유기적이고 통일된 하나의 총체적인 기억으로만 존재할 뿐이다. 그리고 이 총체적인 기억이 곧 의식이요, 이 의식이 곧 자아다.

이렇게 '무엇을 하고 있다'는 것이 곧 살아간다는 것이며,

살아간다는 것은 끊임없이 변화하고, 새롭게 갱신되고, 보다 나은 곳, 보다 빛나는 곳으로 나아가는 상승운동이다. '삶이란 상승하고 있는 의식의 물결이다.' 따라서 만일 '진화'라는 말을 '생명체의 삶'이라는 말로 환원할 수 있다면, 진화라는 말에는 '과거와 현재와 미래'의 모든 것이 집약되어 있는 동시에, 끊임없이 새롭게 자신을 창조하는 '현재의 지속'이라는 의미가 담기는 것이다. 진화가 현재의 지속인 이상, 여기에는 완만할지언정 지속적인 변화와 상승이 동반되는 하나의 흐름이 있을 뿐이다.

변이란 연속적이다. (…) 완만한 비탈면밖에 없는 곳에서 우리는 "우리들의 주의집중이 잘라 놓은 선"을, 어떤 계단을 오른다고 생각하게 된다.

— 『창조적 진화』, p.126

○ 진화는 창조다

산다는 것은 어떤 의미에서 시간의 한계를 극복하는 유일한 행위다. 베르그송은 시간을 '지연retardement'으로, 그리고 '비결정성非結晶性'으로 간주한다.

더 정확히 말하면 시간이란 지연이다. 따라서 시간은 제작이어야 한다. 그렇다면 시간은 창조와 선택의 수송체가 아닐까? 시간이 존재한다  는 것은 곧 사물에 비결정적인 것이 있음을 증명하는 것이 아닐까? 시간이란 비결정성 그 자체가 아닐까?

— 『사유와 운동』, p.120

시간에 대한 이러한 분석은 사실 심리학적인 것이다. 베르그송의 입장에서 인간의 의식과 분리된 객관적인 실체로서의 '시간'이란 사실 존재하지 않는다. 그런데 사람들이 실체가 없는 시간을 강하게 의식하는 경우가 있는데 어떤 때일까? 바로 무엇을 초조하게 기다릴 때다. 시험을 앞둔 학생들은 매우 초조하게 시간을 들여다본다. '시간이 많이 걸린다!'라는 느낌은 시험이 '지연되고 있다'는 것을 의미한다. 막상 시험이 시작되고 시험에 몰두하게 되면, 전혀 시간이라는 것을 의식하지 못한다. 무엇에 몰두하고 집중한다는 것은 의식이 '대상'에 완전히 몰입하고 있기 때문에 다른 모든 것을 잊어버렸음을 의미한다. 그래서 시간이란 곧 '지연'인 것이다.

마찬가지로 무언가를 아직 결정하지 못하고 선택하지 못했을 때, 우리들의 마음은 초조하다. 망설임이 클수록 시간이 흐르는 것을 불안하게 생각하며, 보다 더 시간에 대한 의식이 강해지는 것이다. 아직 '구체적으로 결정되지 않은 것', 이것이 시간의 특성이다. 반면 무엇인가를 선택하고 결정한다는 것은 이미 무엇인가를 시작하고 있음을 의미한다. "시작이 반이다"라는 속담이 있듯이, 시작을 한다는 것은 어디엔가 주의를 쏟고 있다는 뜻이며, 주의를 쏟고 있는 일이 있다면 시간은 이제 중요한 것이 아니다. 중요한 것은 '어떤 일에 몰두하고 있다'는 그 사실이다.

무엇인가에 몰두한다는 것, 주의를 집중한다는 것, 이것이 왜 중요할까? 바로 우리가 주의를 집중할 때에만 관습이나 타성을 벗어나 새로운 무엇인가를 발견하거나 창조할 수 있기 때문이다.

그때 그 모두가 내게 독특하고 새로운 인상을 줄 것이다, 내가 염두에 두고 있던 상像은 사라지고 마치 방금 미술가의 손이 순식간에 그려 놓은 것같이.

— 『사유와 운동』, p.118

베르그송에게 있어서 '창조'란 본질적으로 '새로움'을 산출하는 행위를 의미한다. 그래서 그가 '창조'를 말할 때는 항상 '예술가'의 비유를 들곤 한다. 왜냐하면 예술가에게 있어서 '예술작품'이란 목적이나 계획의 결과가 아니기 때문이다. 사실이 그러하다. 아무리 스케치를 완벽하게 하고 완성된 작품을 머릿속에 그리고 있다 하더라도, 붓을 터치하는 한 순간 한 순간 새로울 수밖에 없는 것이 예술작업이다. 붓의 크기나 굵기, 물감의 농도, 화실의 밝기나 온도, 그리고 바깥의 날씨, 그날의 기분 등 무수한 요인들이 복합적으로 작용하기 때문에 화가의 그림이 어떻게 진전될지, 그 완성이 어떤 모습이 될지는 누구도 예측을 할 수가 없다. 그렇기 때문에 화가의 창작 작업은 본질적으로 '자유의지'라는 것으로 수렴될 수밖에 없다. 그래서 베르그송은 '목적성 없이 직관이 투명하게 드러나 있는 것'을 가장 완전한 작품이라고 생각한다.

진화의 과정도 이와 유사하다. 베르그송은 의식의 활동을 근본적으로 창조라고 본다. 따라서 의식적인 행위는 곧 창조적인 행위와 같다고 생각한다.

그런데 이 의식은 창조의 요구이므로, 창조가 가능한 곳에서만 창조의 요구에 따라 분명히 나타난다. 생명이 무의식적 동작만 할 때 의식은 잠을 자고 있다. 선택의 가능성이 다시 타나날 때 그 의식은 잠에서 깨어난다.

— 『창조적 진화』, p.333

    엄밀하게 말해 돌덩이나 쇳덩이를 진화한다고 볼 수는 없다. 진화란 생명이 있는 존재에 적용되는 말이기 때문이다. 따라서 진화란 곧 식물, 곤충, 인간(동물)에게 해당하는 말이다. 물론 물질에서 생명(의식)이 탄생한 순간을 최초의 진화라고 볼 수도 있을 것이다. 여기서 진화가 보다 진전되었다는 것은, 보다 의식이 분명하게 깨어났음을 의미한다. 식물의 경우는 의식이 반쯤 잠든 상태이고, 곤충의 경우는 의식이 '본능'에 압도되어 있는 상태이며, 인간은 의식이 가장 완전하게 나타나 있는 상태를 의미한다.

구체적인 실재는 살아 있고 의식적인 존재들을 포함하고 있는데, 이들은 비-유기적인 물질 내에 삽입되어 있다. 내가 말하고 있는 것은 살아 있으며 동시에 의식적인 존재이다. 생명이 있는 것은 당연히 의식적이기 때문이다. (…) 예를

들어 식물에서와 같이 의식이 반-수면 상태에 있는 영역
에서조차….

— 『사유와 운동』, p.119

　　베르그송에게 있어서 '생명의 진화'가 가진 의미는 지속적
이고 연속적인 창조가 계속 일어나고 있다는 뜻이며, 이는 곧

곤충에게도 의식이 있다는 표현은 상식적인 관점에서 볼 때, 지나치게 문학적이거나 감상적인 표현일 수도 있을 것입니다. 하지만 베르그송은 곤충에게도 의식이 있다는 것을 꿀벌의 행동을 통해 증명하고자 하였답니다. 그는 여러 개의 동일한 꿀벌 통을 한 장소에 두고, 홍수가 났을 때 꿀벌들의 행동을 관찰하였습니다. 만일 오직 '본능'에 따라서만 움직인다면 모든 꿀벌들이 동일한 행동을 취하겠지요. 하지만 각 꿀벌 통의 벌들이 각기 다른 해결책을 선택하는 것을 보고 꿀벌에게도 최소한의 의식이 있음을 알게 되었답니다. 왜냐하면 선택이란 판단하는 이성적인 능력을 전제하는 것인데, 만약 선택이 본능에 의한 것이라면 '꿀벌이 각기 다른 본능을 가졌다'는 모순된 논리가 나오기 때문이지요.

진화를 통해 끊임없이 의식이 성장하고 있다는 것을 말한다.

　'진화현상'에 대해 기존의 진화론자들과는 근본적으로 다른 출발점과 관점에서 출발한 베르그송은, 기존의 진화론에서 주장하는 대부분의 개념이나 이론들을 새롭게 수정하고 새롭게 해명할 수밖에 없었다. 그중 핵심이 되는 사안을 요약하면 다음과 같을 것이다.

① 물질: 생명을 잠정적으로 포함하고 있는 고정된 것.

② 생명의 특징: 의식을 잠정적으로 포함하고 있는 약동적인 것. 물질로부터 자유롭고자 함.

③ 돌연변이: 질적으로 다른 것을 창조하고자 하는 생명진화의 결과.

④ 유전: 변형된 형질만을 전달하는 것이 아니라 '생명적 약동'과 '성향', '경향성' 등 총체적인 기억을 전달함.

⑤ 의식: 모든 생명에 내포된 것. 잠들어 있는 것(식물)에서 보다 깨어난 것(곤충과 동물)으로 나타남.

⑥ 인간의 의식: 지성과 직관으로 분화됨.

⑦ 진화현상에 대해 목적론적 설명과 기계론적 설명 모두

를 부정하고 생명의 창조성으로 해명함.

⑧ 본능이 진화하여 지성이 된 것이 아니라, 애초에 식물, 곤충, 동물 등 동시다발로 분화함.

⑨ 의식은 지성에 이르러 물질로부터의 완전한 해방을 획득함.

이상의 베르그송의 사유를 바탕으로 오늘날의 인간관에 대해서 새롭게 이해하고자 한다면 다음과 같이 될 것이다. 인간의 생명은 근본적으로 다른 모든 생명체와 다른 것이 아니다. 인간의 생명도 다른 모든 생명체와 마찬가지로 '생의 약동'을 지니며, 끊임없이 자신의 삶을 새롭게 창조하고자 한다. 반면 의식이 보다 완전하게 깨어난 인간은 다른 생명체보다 물질의 제약에서 더 자유로우며, 지성적인 행위를 통해 자유와 인격을 창조하였다.

반면 오늘날의 현대인의 의식은 지성과 직관으로 분화되었으나, 분석적 방법을 사용하는 과학의 발전으로 인해 직관이 지성에게 희생되고 있다. 이는 '실재'를 통찰하고자 하는 인간정신의 일종의 퇴보를 의미한다. 왜냐하면 우주 혹은 생명의 기원이나 미래의 운명, 우주에서 인간이 차지하는 위치 등의 형이상학적인 질문은 오직 직관을 통해서만 통찰될 수 있는 것이기 때문이다.

따라서 오늘날 직관의 철학은, 생명은 파편적인 것이 아니라 총체적인 것이고, 유기적인 것이며, 물질의 저항으로부터 자유롭고자 하고, 전체가 하나의 상승운동을 하고 있음을, 즉 창조적 행위를 지속하고 있음을 깨닫게 해 주어야 한다. 만일 데카르트가 육체와 정신의 이원론에 기초하여 정신의 삶을 강조하였다면, 베르그송은 정신과 육체의 상호성, 교류 가능성, 불가분성을 강조하고 있다고 할 수 있다. 즉 베르그송은 분열된 것을 다시 하나의 총체로 다시 형성해야 한다고 역설하는 것이다.

○ 영혼 없는 기계, 뇌과학의 허와 실

오늘날 뇌과학과 AI 기술이 매우 발달하여, 실제와 가상세계의 구분을 없애고자 하는 경향이 있지요. 즉 더 이상 물질이나 육체에 구애받지 않는, 뇌신경의 작용과 관련된 '가상의 세계'를 창조하고, 이로써 '실재'를 대신하고자 하는 경향이 있는데요, 베르그송은 이러한 움직임을 어떻게 생각하고 있을까요?

결론부터 말하자면, 베르그송은 '가상세계'란 전혀 '실재'가 아니기 때문에 '허구의 세계'일 뿐이라고 할 것이다. 우선 가상세계란 뇌신경의 작용으로 인해 감각적인 인상이 인위적으로 유발되는 것이라고 할 수 있다. 하지만 이는 감각적인 실재를 의미하는 '물리적인 실체'가 없는 것이기에 일종의 속임수에 해당하며, 구체적이고 현실적인 나의 자아와도 무관하기 때문에 '정신적인 것'이라고 할 수도 없다. 베르그송에게 있어서 실재란 '정신적인 것(의식)'과 '육체적인 것(감각적인 실체)'이 긴밀하게 유기적으로 통일된 것을 말하는데, '가

상세계' 혹은 '가상공간'이라는 것은 두 가지 조건 중 어느 쪽
도 만족시키지 못한다.

물론 그렇다고 해서 '가상세계'가 전혀 무용하다거나 유해
하다는 것은 아니다. 가상세계는 본질적으로 뇌신경을 자극
한다는 측면에서 뇌신경의 발달을 촉진시킬 수 있을 것이다.
베르그송은 진화의 과정에서 뇌신경이 발달된다는 것은 "보
다 정확하게 운동하고자 하는 것"을 의미한다고 하며, '뇌의
본질적인 기능'이 "질료 안으로 정신이 삽입되는 지점"(『정신
적 에너지』, p.47)을 형성하는 것이라고 말한다. 다시 말해서 뇌
란 물질과 정신이라는 상반되는 두 속성이 접합되고 교차될
수 있는 매개체라는 것이다. 따라서 뇌신경이 복잡하게 발달
한다는 것은, 육체적인 혹은 정신적인 민첩성이 상승한다는
뜻이며, 정신(의식)이 질료적 실재와 보다 긴밀하게 교감할
수 있게 되었음을 의미하는 것이다.

여기서 문제의 핵심은 '실재'라는 것을 뇌의 파동이나 뇌
가 유발한 결과로 대신할 수 있는가 하는 점이다. 예를 들면
저녁노을을 보고 감상에 젖을 때, 실재의 저녁노을 대신 VR
기기를 쓰고 가상의 저녁노을을 보고 있다면, 이를 실재의

저녁노을과 동일한 것으로 간주할 수 있는가 하는 점이다. 언뜻 생각하기엔 느끼는 사람이 동일한 장면을 목격하고 동일한 감동을 느낀다면 실재와 가상이 다를 게 무엇인가? 라고 생각할 수 있을 것이다.

하지만 조금만 더 깊이 생각해 보면 그렇지 않을 것이다. 우선 '동일한 장면'이나 '동일한 감동'을 가정하는 것 자체가 무의미하다. '실재'란 존재하는 것의 총체를 의미하는 것으로, 인위적인 산출이 불가능하다. 예를 들어 보자. 어떤 사람이 바닷가에서 실제로 '저녁노을'을 보고 감동하고 있다고 가정을 하자. 그런데 이 사람이 집에 돌아와 VR 기기를 머리에 쓰고, 그날 봤던 풍경과 '동일한 풍경'을 구현한 '가상의 세계'를 보고 있다고 가정을 하자. 그럼 여기서 '동일한 풍경'이라는 것이 진짜 동일한 풍경일 수 있을까? 바닷가에서 실제로 저녁노을을 바라보는 사람은 다만 수평선 너머로 지는 해만 바라보는 것이 아니다. 여기에는 찰랑거리는 파도 소리, 짠 냄새가 풍기는 습한 바닷바람, 갈매기 소리, 멀리 들려오는 뱃고동 소리, 부드러운 발밑의 모래 촉감, 아련히 들려오는 풀벌레 소리 등 그 모든 것을 저녁노을과 동시적으로 체험하고 감동하는 것이다. 이루 헤아릴 수 없는 무수한 요소들을 하나도 남김없이 디테일하게 가상공간에서 재현할 수는 없을 것이다. 설령 그것이 가능하다고 해도, '지속'으로서의 저녁노을은 매 순간 변화하고 새롭게 체험되는 반면, 인위적으로 만들어진 가상공간은 그럴 수가 없다. 결론적으로 말해 가상공간이 아무리 섬세하고 정확하게 실재를 모방한다고 해도 '실재'는 가상공간에 만들어진 세계보다 무한히 풍요롭고 생동적인 것이다.

이러한 관점은 베르그송이 정신적인 삶에 대해서 논할 때 그대로 적용된다. 정신적인 실재를 영혼의 삶이라고 한다면, 뇌란 이 정신적인 삶을 기호적(물리적)으로 흉내 낸 팬터마임 pantomime에 불과하다. 그는 이를 교향곡과 지휘자의 지휘봉에 비유하여 설명하고 있다.

교향곡을 들으면서 음악 전문가들은 지휘자의 지휘봉이 어떻게 움직이고 있는지를 상상해 볼 수 있다. 하지만 그 반대는 불가능하다. 지휘봉의 움직임이란 교향곡의 리듬과 박자 그리고 음정들의 변화들에 비하면 너무나 단순한 동작이어서, 누구도 이러한 단순한 변화를 통해 무한히 풍요로운 사유에 대한 뇌의 관계는 복잡하고 섬세하다. 만일 누군가 나에게 이 관계를 단순한 형식을 통해 설명해 달라고 한다면, 나는 뇌란 단지 '팬터마임'의 기관일 뿐이라고 말할 것이다. 뇌의 기능이란 정신의 삶을 기호적(물리적)으로 표현할 뿐이며, 정신이 적응하는 외적인 상황들을 또한 기호적으로 표현해 줄 뿐이다. 정신적 행위activité mentale에 대한 뇌의 행위activité cérévrale란 교향곡에 대한 지휘자의 지휘봉과 같은 관계에 있다. 교향곡은 자신에게 박자를 맞추어 움직이는 (지휘봉의) 운동들을 여러 측면에서 넘어서고 있다. 마찬가지로 정신의 삶은 뇌의 삶을 여러모로 넘어서고 있다.

— 『물질과 기억』, p.47

교향곡의 변화를 상상할 수는 없는 것이다.

뇌파나 뇌 속 화학작용의 변화보다는 정신의 활동이 훨씬 더 풍요롭고 초월적이라는 주장은 다른 간단한 예로써 설명이 가능하다. 가령 의사들은 무서운 꿈을 꾸고 있는 사람이나 맹수를 만나서 두려움에 떨고 있는 사람의 뇌에서 무슨

일이 일어나고 있는지를 충분히 유추할 수 있다. 하지만 그 반대는 불가능하다. 즉 뇌 속에서 발생한 변화들을 기록한 차트를 보면서 그가 두려움을 느끼고 있다는 것은 유추할 수 있겠지만, 그가 무엇 때문에 두려움을 느끼는지, 귀신을 본 것인지, 맹수를 만난 것인지 혹은 천길 낭떠러지에 매달려 있는 것인지는 전혀 유추할 수가 없는 것이다.

뇌의 파장이나 전기적인 변화는 순전히 물리적인 것이지만 정신의 삶은 비물질적인 것이다. 우리는 사람들이 '정신'을 가지고 있음을 전혀 의심하지 않는다. 그런데 사람들이 가지고 있는 그 정신은 도대체 어디에 있는 걸까? 뇌 속에 있는 걸까? 가슴속에 있는 걸까? 온몸에 골고루 퍼져 있는 걸까? 혹은 보이지는 않지만 우리 온몸을 감싸고 있는 걸까? 하지만 이러한 질문은 무의미한 질문이다. 왜냐하면 정신이란 비물질적인 것이어서 물리적인 장소를 초월하기 때문이다. 다시 말해서 인간생명의 진화는 정신에 이르러, 물질적인 제약으로부터 완전히 자유로워졌기 때문이다. 따라서 그의 인격의 최정상을 의미하는 '유일무이한 실재'인 한 사람의 정신은 결코 인위적으로 만들 수가 없는 것이다.

〈바이센테니얼맨〉같은 공상과학 영화에서는 첨단 과학기술의 발달로, 실제 인간과 거의 유사한 자아와 인격을 가진 안드로이드를 창조하기도 하는데, 베르그송은 이러한 일이 불가능하다고 보는 걸까요?

물론 과학이 매우 발달한 미래에서 이러한 일들이 가능하지 않다고 말할 수는 없을 것이다. 하지만 원칙적으로 베르그송에게 있어서 '자아'나 '인격'을 가진 안드로이드를 만든다는 것 자체가 불가능하다. 마치 살아 있는 장미꽃을 연구실에서 만들 수가 없는 것과 마찬가지다. 우리는 두 가지 차원에서 이를 논할 수 있다.

첫째, 아무리 첨단의 기술이라고 해도 실재를 '모방'할 수는 있겠지만 실재를 '창조'할 수는 없다는 점이다. 예를 들어보자. 여기 고흐의 그림을 분석하여 동일한 그림을 그리고자하는 인공지능이 있다. 그림을 구성하고 있는 물감의 종류나 농도, 명도나 채도를 정확히 분석하고, 붓의 터치 하나하나를 분석하여, 붓의 종류나 굵기, 터치의 방향이나 그릴 당시 들어간 화가의 팔 힘 등을 거의 완벽하게 분석하여 그대로 재현한다. 그리하여 원래 고흐의 그림과 인공지능이 그린 그림은 전문가도 구분할 수 없을 정도로 외관적으로는 완벽하게 일치하게 되었다. 그렇다고 두 그림이 동일한 그림이라고 할 수 있을까? 만일 고흐가 살아 있다면 자신의 그림을 구분할 수 없을까?

외관의 완벽한 일치에도 불구하고 두 그림은 동일한 그림은 아니다. 둘 사이에 차이가 있다면 무엇일까? 아마도 원래의 그림에는 고흐의 영혼이 깃들어 있지만, 인공지능이 재현한 그림에는 그 누구의 영혼도 깃들어 있지 않다는 점일 것이다. 생각해 보자. 고흐가 그림을 그릴 때, 고흐의 마음이나 심정이 어떠했겠는가? 그가 지니고 있었던 환희나 분노, 자연에 대한 감탄, 동생 테오를 향한 고마움, 자신의 그림에 몰이해한 대중들에 대한 불만, 불안한 미래에 대한 걱정, 그림에도 그리는 행위에 몰입하면서 자연과 하나 된 그의 충만한 내적 만족 등, 모든 것이 그린다는 행위에 응축되어 그의 실존의 분위기가 그림 속에 녹아 있는 것이다. 과연 인공지능이 그림을 분석할 때 그릴 당시의 고흐의 심리상태나 실존적인 분위기를 구체적으로 정확히 알고 따라 그릴 수 있을까? 불가능할 것이다. 이는 마치 꿈꾸는 사람의 뇌파를 검사하여 그가 구체적으로 어떤 꿈을 꾸고 있는지 그 내용을 분석할 수 없는 것과 마찬가지다. 이처럼 인공지능은 근본적으로 '예술가의 창조행위'를 의미하는 영혼이 깃든 작품을 만들 수 없다.

마찬가지로 인공지능이 어떤 구체적인 인격체를 분석하여 그와 동일한 인간을 만든다는 것도 도저히 불가능하다. 어떤 경우에도 한 개인의 정신이나 영혼을 완벽하게 분석한다는 것은 불가능하며, 어떤 경우에도 다른 한 정신적인 인격체와 동일한 또 다른 인격체를 만든다는 일은 있을 수가 없는 것이다. 한 인격체의 자아란, 유아기, 청년기, 장년기 등을 거쳐 현재에 이르기까지, 그의 전 역사가 '지속'이라는 이름으로 하나의 유일하고 유기적인 '기억'으로 구성된 것이기 때문이다. 인공지능이 '영혼이 깃든 작품'을 만들 수가 없는 것처럼 기술을 통해 '한 인격체의 영혼'을 창조할 수는 없는 법이다.

그런데 오늘날 공상과학 소설을 보면 미래의 첨단 과학기술은 단순히 타인을 모방하여 인간과 유사한 안드로이드를 만드는 것이 아니라, 인간처럼 자신만의 개성과 정신을 가지고 고유한 이름도 가지며 스스로 판단하고 스스로 선택하는, 그만의 고유한 '자아'를 가진 '휴머노이드'를 만들기도 합니다. '자아'를 가진 존재를 만드는 일이 인간에게는 영원히 불가능한 일일까요?

'자아'가 무엇을 의미하는가에 따라서 답변이 달라질 수 있겠지만, 베르그송의 사유에서 인간과 동일한 자아를 가진 존재를 인간이 만든다는 것은 불가능한 일이다. 그 이유는 인간의 자아란 곧 자유이기 때문이다.

자유는 의식과 동의어이다.

— 『창조적 진화』, p.333

베르그송에게 있어서 자유란 습관의 사슬을 끊고 새로움을 창조하는 자유이며, 이는 곧 자기 스스로를 창조해 가는 자유다.

> 동물에게 그 감옥(습관의 감옥)의 문은 열리자마
> 자 다시 잠긴다. 자신을 묶고 있는 사슬을 잡아
> 당겨 보아도 사슬의 길이만 늘어날 뿐이다. 그
> 러나 인간의 경우는 의식이 그 사슬을 끊는다.
> 의식은 오직 인간에 한해서만 자기를 해방한다.
>
> — 『창조적 진화』, p.334

'습관의 사슬을 끊어 자신을 해방한다'는 표현은 상당히
문학적인 표현이다. 이를 좀 더 학술적인 언어로 표현하자면
'예측 가능한 법칙이나 규범의 질서를 초월하여 완전히 새로
운 자신을 창조한다'는 뜻이 된다. 반면 그 작동의 원리가 계
산과 추론, 그리고 통계적 방식에 의해 결정되는 '기계-인간'
에게는 이러한 자유의 개념이 존재할 수가 없다. 인공지능이
란 본질적으로 프로그램 혹은 알고리즘에 의해 움직이는 것
이다. 여기서는 계획성과 목적성만, 그리고 양적인 확대와
정교함만이 있을 뿐 가치의 상승이라는 도덕적인 도약이 존

재할 수가 없다. 우리는 이를 '가능성'과 '실재'의 관계에 대한 베르그송의 설명을 통해 이해할 수 있다.

> 만일 가능적인 것을 그 합당한 위치로 돌려보낸다면 진화
> 는 계획의 실현과는 전혀 다른 것이 된다.
>
> — 『사유와 운동』, p. 135

> 실재적인 것 자체가 자신을 가능적으로
> 만드는 것이지, 가능적인 것이 실재적이
> 되지는 않는 것이다.
>
> — 『사유와 운동』, p.135

사람들은 습관적으로 어떤 실재를 보면서, 그 실재의 가능성이 실재보다 앞서 '잠재성'의 형태로 있었다고 생각한다. 가령 소나무의 씨앗 안에는 소나무가 가능성으로 들어 있다고 생각하고, 어린 베토벤 안에는 '위대한 음악가'가 가능성으로 먼저 있었다고 생각하는 것이다. 하지만 이러한 생각은 물리적인 현상에만 적용될 수 있는 것이며, 인간에게는

해당되지 않는다. 만일 인간에게도 그렇게 적용한다면 이는 습관의 결과로 인한 선입견에 불과하다.

2장에서 예를 든 '위대한 문호가 된 공무원'의 경우를 다시 떠올려 보자.

이때 우리는 '위대한 문호'가 가능성의 형태로 이 공무원이 글을 쓰기 전부터 먼저 있었다고 할 수가 있을까? 그렇지 않을 것이다. 왜냐하면 만일 그 사람이 글쓰기를 배우지 않고 그림 그리는 방법을 배워 마침내 위대한 화가가 되었다면, 사람들은 그에게 '위대한 문호'가 아닌 '위대한 화가'가 가능성으로 있었다고 말할 것이기 때문이다. 즉 이는 결과를 보고 인위적으로 추론한 것에 불과한 것이다. 그를 위대한 문호로 만들거나 위대한 화가로 만든 것은 앞서 주어진 가능성이 아니라, 어느 시점에 그가 자유롭게 내린 선택의 결과에 달린 것이다. 가능성은 그가 더 이상 공무직을 수행할 수 없고 자유롭게 자신의 일을 해야만 하는 그 '실제적인 상황'이 기회를 준 것이며, 글을 쓰거나 그림을 그리고자 하는 그의 자유로운 선택이 현실화시킨 것이다.

이처럼 인간이란 어떠한 상황 속에서도 자유로운 선택을

통해 누구도 예측할 수 없는 어떤 가능성을 창조하는 자유로운 존재이다. 하지만 본질적으로 기계적인 프로그램, 즉 알고리즘을 통해서 작용하는 인공지능은 결코 이러한 예측 불가능한 가능성을 창조할 수가 없다. 알고리즘이란 '문제를 해결하기 위해 정해진 일련의 절차나 방법을 공식화한 형태'로, 이러한 원리에 있어서는 결코 실재가 가능성을 창조하지 않는다. 다시 말해 인공지능이 행동을 시작한다는 것은 이미 계산을 통해 예상된 결과를 지니고 있음을 의미하며, 이 과정에서 자유로운 선택을 통해 전혀 예측할 수 없는 행위를 하는 것은 불가능하다. 나아가 이미 결론이 내려진 '현실', 즉 '실재'에 있어서 이와는 전혀 다른 예측 불가능한 '가능성'을 고안해 낸다는 것도 있을 수 없는 일이다. 만일 가능하다고 한다면 그것은 '자유'나 '도약' 혹은 '진화'가 아니라, '고장'이나 '비정상'에 지나지 않을 것이다.

기계의 진화란 엄밀한 의미의 진화가 아니다. 양적인 팽창과 물리적인 정교함만이 있을 뿐 진정한 의미의 상승운동이 발생하지는 않기 때문이다. 결국 인공지능이란 계산과 추론만이 있을 뿐, 자유로운 인격체의 개념이 결여된 '영혼이 없는 정교한 기계'에 지나지 않는 것이다.

> 그런데 만일 누군가가 인간의 육체나 뇌를 정확히 모방하고, 인간처럼 자유롭게 선택할 수 있으며, 따라서 스스로 자신의 자아를 창조할 수 있는 '인조인간'이 등장할 것이라 발표한 다면 어떻게 되죠?

　사실 이 질문을 베르그송에게 한다면 그는 "이러한 질문은 엄밀히 말해 무의미한 질문이다"라고 할 것이다. 왜냐하면 이는 어떤 의미에서, 인간이 인간을 (낳는 것이 아니라) 연구소에서 만들 수도 있는가 하는 질문이기 때문이다. 과학이 발전하면 살아 숨 쉬는 토끼를 공장에서 만들어 낼 수 있을까? 인간이 인공적으로 생명을 창조할 수 있을까? 이러한 질문은 더 이상 학문적으로 논증하거나 답할 수 있는 질문이 아니다. 이는 인생의 체험을 통해 개인적으로 가지게 되는 관점과 확신의 문제이며, 근본적으로 정답이 있을 수 없는 형이상학적인 문제이기 때문이다.

4장

두 사회와 인류의 미래

전쟁을 주제로 한 영화들을 보면 전쟁의 원인을 크게 세 가지로 나누어 볼 수 있다. 하나는 이념 간의 갈등이며, 다른 하나는 민족 간의 갈등이며, 마지막으로 문화적 충돌과 갈등으로 인한 것이다. 가령 한국전쟁이나 베트남전쟁을 다루고 있는 대다수의 영화들은 전쟁의 원인을 '공산국가'와 '자유국가' 사이에 벌어진 이념의 대립으로 보고 있다. 반면 민족 간의 갈등을 그린 대표적인 영화는 십자군전쟁을 다루고 있는 영화들이라고 할 수 있다. 사람에 따라서는 '기독교'와 '이슬람'의 종교적 이념 대립으로 생각할 수 있겠지만, 이는 마치 일본군과 독립군의 싸움이 이념 간의 싸움이 아니라 민족 간의 싸움인 것과 마찬가지다. 마지막으로 문화적인 충돌을 그린 영화는 서부 개척시대 미국의 '원주민'이었던 인디언과 미국 이주민들 사이의 전쟁을 다룬 영화라고 할 수 있다. 예를 들어 〈늑대와 춤을〉이란 영화를 보면, 충분히 전쟁을 피할 수 있는 상황에서도 서로의 행위나 사고방식을 도저히 용납하지 못해서 전쟁을 결정하고 마는 상황을 볼 수 있다. 이러한 전쟁은 형태는 다르지만 현대사회에서 여전히 진행 중이라고 볼 수 있다.

그런데 베르그송은 이 모든 전쟁들의 뿌리에는 동일한 하나의 원인이 있다고 생각한다. 베르그송은 이를 인간의 소유욕과 이기주의라고 보고 있다. 먼 과거에는 생존을 위해 한 민족이나 국가가 다른 민족이나 이웃국가를 침략하고 전쟁을 일으켰지만, 근대와 현대에는 보다 많이 소유하기 위해 전쟁을 일으킨다는 것이다. 일정 수준의 이하에서는 인간다운 삶을 유지할 수 없다고 생각하고, 보다 많은 자원을 소유하기 위해 전쟁을 일으키는 것이다. 하지만 많은 자원과 재원을 소유하고 패권국가가 되면 행복한 국가가 될 수 있을까? 그렇지는 않을 것이다. 끊임없는 경쟁과 긴장 그리고 내부적인 부의 쟁탈은 여전히 한 국가를 불행의 도가니로 몰아가게 될 것이다. 즉 좋은 사회, 적대감과 이기주의가 사라진 이상사회가 되지 않는 한 전쟁은 피할 수 없다는 사실을 인류역사가 이미 수 없이 보여 준 것이다. 베르그송의 다른 모든 저서들이 일종의 존재론(세계관)과 인식론에 초점을 맞추고 있다면, 『도덕과 종교의 두 원천』은 이런 세계관에 기초하여 어떠한 사회가 좋은 사회인가를 묻는, 윤리·도덕적인 문제에 집중하고 있는 책이다. 특히 그는 인류의 미래와 관련하여 도덕과 종교가 문제 해결의 열쇠를 가지고 있다고 생각하며, 이 책을 통해 일종의 예언자적인 정신을 피력하고 있다고 할 수 있다. 과연 그는 인류역사에서 전쟁을 종식할 수 있는 해답이 어디에 있다고 보는 것일까?

이전의 논문들을 모아 출간된 『사유와 운동』을 제외하면 『도덕과 종교의 두 원천』은 베르그송의 마지막 저작이랍니다. 이 책에서 그는 더 이상 과학자나 형이상학자로서가 아니라 일종의 종교적인 예언자로서 인류의 미래의 방향과 관련하여 예언적인 메시지를 던지고 있다고 볼 수 있어요. 아마도 당시 베르그송은 2차 세계대전의 전운을 강하게 감지하고 이 책을 통해서 전쟁을 막아 보려고 의도했던 것 같습니다. 다시 말해서 '인류애'를 통한 국가 간, 그리고 민족 간의 이해와 화합을 강력하게 호소하였다고 볼 수 있어요.

○ 미국사회와 유럽사회, 어느 쪽이 좋을까?

어린아이들은 가끔 무의미한 질문을 던져 놓고 서로 싸운다. 가령 "스파이더맨과 배트맨이 싸우면 누가 이길까?", "수박과 참외 중 어느 것이 맛이 있을까?", "태권도와 쿵후 중 어느 쪽이 더 셀까?" 혹은 "미국과 유럽 중에 어느 곳이 더 살기 좋을까?" 이러한 질문을 던져 놓고 서로 자신의 주장이 옳다고 우긴다. 이러한 질문들이 무의미한 이유는 정답이 있을 수 없기 때문이다.

스파이더맨과 배트맨은 실존 인물이 아니니, 만일 이들이 싸운다면 그것은 영화나 만화 속일 것인데, 이때는 감독이나 만화가의 마음먹기에 따라 정답이 달라질 것이다. 수박과 참외는 먹는 사람의 기호에 따라 달라질 것이다. 마찬가지로 태권도나 쿵후는 선수들이 누구인가에 따라서 달라질 것인데, 모든 태권도 선수들과 모든 쿵후 선수들이 다 싸워 볼 수는 없기 때문에 정답이 없는 것이다.

그런데 미국과 유럽의 경우는 어떨까? 아마도 충분히 정답이 있을 수 있다는 사람과 그렇지 않다는 사람으로 의견이 갈릴 수 있다. 만일 정답이 있다고 한다면 그 이유나 근거는 무엇일까? 아마도 그것은 '보다 더 낫다는 것'을 판단할 수 있는 기준을 마련할 수 있기 때문일 것이다. 가령 평균적인 국민소득, 사회보장제도의 충실성, 시민들의 평균적인 교육수준, 대중의 인권에 대한 의식, 국민들의 행복지수 등을 통해서 객관적으로 두 사회를 평가할 수 있다고 보기 때문이다. 그런데 만일 답이 있을 수 없다면 그 이유는 무엇일까? 그것은 이러한 기준을 가지는 것 자체가 불가능하거나 '평균적인 수치의 높음'이 반드시 더 나은 사회의 기준은 될 수 없다고 보기 때문이다.

예를 들어 보자. A라는 마을과 B라는 마을이 있다. 두 마을은 모든 삶의 조건이 유사한데, 다만 A마을의 평균적인 소득이 B마을의 다섯 배나 된다고 하자. 사람들은 당연히 A마을이 살기 좋은 마을이라고 생각할 것이다. 하지만 반드시 그렇지는 않다. 만일 A마을에 '빌 게이츠' 같은 대 갑부가 한 명 살고 있다면, 오히려 A마을의 대다수의 사람들은 B마을의 사람들보다 훨씬 가난할 것이기 때문이다. 바로 이것이 '평균치의 함정'이다.

사실 근본적으로 '시장경제'에 기반한 '미국식 자유주의'와

'평등'과 '복지'를 중시하는 '유럽식 사회주의'는 그 사회의 체제 자체가 완전히 다르기 때문에 이 두 사회를 비교한다는 것은 마치 고흐와 김정희의 그림 실력을 비교하는 것처럼 우스꽝스러운 일이라고 할 수가 있다.

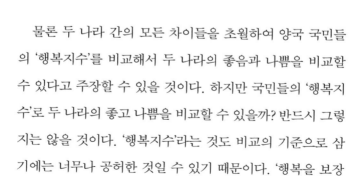

그런데 언론을 보면 종종 세계 여러 나라의 '행복지수'라는 것을 조사하여 발표하는 것을 볼 수 있지 않나요? 여기에는 1등 국가부터 꼴등 국가까지 정확하게 수치로 나타나 있는데, 이를 통해 두 나라의 '좋음'과 '나쁨'을 비교할 수 있지 않을까요?

물론 두 나라 간의 모든 차이들을 초월하여 양국 국민들의 '행복지수'를 비교해서 두 나라의 좋음과 나쁨을 비교할 수 있다고 주장할 수 있을 것이다. 하지만 국민들의 '행복지수'로 두 나라의 좋고 나쁨을 비교할 수 있을까? 반드시 그렇지는 않을 것이다. '행복지수'라는 것도 비교의 기준으로 삼기에는 너무나 공허한 것일 수 있기 때문이다. '행복을 보장하는 외적인 조건'이라는 건 있을 수 없기 때문에 '행복지수'를 알기 위해서는 개개인의 주관적인 생각에 의존할 수밖에 없을 것이다. 하지만 이 경우, 말하는 사람이 냉정하게 자신의 내적·외적 사정을 평가할 수 있는 덕성을 갖추고 있다는 전제하에서만 조사의 수치가 신빙성을 가질 것이다. 그런데 소크라테스의 '무지無知의 지知'에서 볼 수 있듯이, 대다수의 시민들이 사실은 '무지'하면서도 자신이 '현명'하다고 착각하고 있다면, 그래서 불행하면서도 행복하다고 생각하거나, 혹은 행복하면서도 불행하다고 생각한다면, 이러한 조사는 무의미해져 버릴 것이다. 따라서 명백하게 차이 나는 두 사회가 아닌 이상, 국가와 같은 거대 사회들을 비교한다는 것은 애당초 불가능한 일이며, 그 비교의 기준을 가진다는 것도 매우 어렵다.

반면 한 동일한 사회의 특정한 시점 이전과 이후의 모습을 보면서 얼마나 나아졌는지, 아니면 얼마나 나빠졌는지를 비교해 보는 것은 가능하다고 할 수 있다. 모든 것이 동일하게 유지되는 한 사회에서 변화된 것만을 비교하면, 보다 나은 사회가 되었는지 혹은 보다 못한 사회가 되었는지를 알 수 있기 때문이다. 여기에는 경제적 지표, 교육의 지표, 생활여건의 향상 정도, 문화적 수준, 사회적·국가적 청렴도, 인권이나 도덕성의 함양 등 다양한 기준이 주어질 수 있다.

사실상 베르그송은 정치적 체제라는 차원에서 어떤 나라가 더 좋은 나라인가에 대해서 말하지 않습니다. 어쩌면 그는 한 사회의 좋음과 나쁨을 가늠하는 데 있어서 체제가 중요한 것은 아니라고 말할 것입니다. 그렇다면 베르그송에게 있어서 한 사회의 좋음과 나쁨을 구분하는 척도는 무엇일까요? 아래 설명을 들어 봅시다.

○ '열린사회'와 '닫힌사회'

베르그송이 『도덕과 종교의 두 원천』에서 말하고 있는 두 가지 원천은 곧 "닫힌사회"와 "열린사회", 혹은 "닫힌도덕"과 "열린도덕", 혹은 "폐쇄된 영혼(닫힌영혼)"과 "개방된 영혼(열린영혼)"이다. '열림'과 '닫힘'의 두 가지 요소는 한 사회가 건강하게 유지되기 위해서 필수적으로 요청되는 것이다. 물론 보다 나은 사회란, 보다 열린사회, 보다 열린도덕 그리고 보다 개방된 영혼으로 나아가는 사회를 말하며, 그 반대는 보다 못한 사회라고 할 수 있다. 즉 '열림과 닫힘'은 베르그송에게 있어서 '진보' 혹은 '발전'의 기준이자 '좋음과 나쁨'을 측도하는 기준이 된다.

물론 베르그송이 생각하는 이 두 가지 사회는, 구체적인 어떤 사회나 국가를 말하고 있다기보다는 상징적인 용어로 쓰인다. 모든 사회가 이 두 가지 요소를 동시에 지니고 있으면서 어느 한쪽에 더 근접해 있는 것이 사실이다.

폐쇄된 영혼과 개방된 영혼 사이에는 개방되어 가는 영혼이 있다.

— 『도덕과 종교의 두 원천』, p.488

그렇다면 닫힌사회와 열린사회는 어떤 사회들이며 그 모습은 어떠할까? 여기에 답하기 이전에 우리는 우선 한 사회 안에서 가지게 되는 '닫힘'의 요소와 '열림'의 요소에 대해서 살펴볼 필요가 있다. 한 사회를 성립시키는 사회적 요소에는 우리가 '법'과 '관습'이라고 부르는 '사회적 질서'가 있다. 이 같은 사회적 질서를 잘 지키는 사람을 정의로운 사람이라고 할 수 있다. 즉 '사회적 정의'란 사회가 구성원에게 법과 관습을 통해 부과하는 모든 의무에 대한 준수라고 할 수 있다. 베르그송은 이를 "폐쇄적인 정의"라고 한다. 이것이 곧 '닫힘'의 요소다.

하지만 '폐쇄적인 정의'만으로는 좋은 사회를 이룰 수가 없다. 일상에서 자주 체험하듯이 어떤 법도 완벽할 수가 없으며, 힘과 권력을 가진 사람들은 자신들의 추악한 범죄행위도 오히려 법의 이름으로 정당화시키기 때문이다. 상식적인 관점에서 심각한 잘못을 범했지만 "법적으로는 문제가 없다", "절차상 하자가 없다"라고 자신들의 행위를 정당화하는 것은 모두 '폐쇄적 정의'의 부작용이다. 사람들은 이러한 부조리를 해결하기 위해서 법안을 보완하고 보다 촘촘하게 법망을 만들어 이러한 일이 발생하지 않도록 노력해야 한다고 주장하지만, 사실상 법이 아무리 섬세하고 엄격하다고 해도 '도덕성'이 타락한 힘 있는 자들에게는 아무런 소용이 없다는 것을 우리는 경험을 통해 잘 알고 있다.

이렇게 '닫힌도덕'과 '폐쇄적인 정의'의 단점을 보완하면서 보다 근본적으로 문제를 해결할 수 있는 방법, 즉 보다 완전한 정의를 가져다줄 수 있는 것이 곧 '열린도덕' 혹은 '열린정의'이다. 베르그송은 이를 인간의 천재성(창조성)에 의해 나온 혹은 의인들이나 위인들에 의해서 나온 의무의 부과라고 생각하고 있다.

순수하게 정적인 것이 도덕에 있어서는 지성 이하이고, 순수하게 동적인 것은 지성 이상임을 우리는 알았다. 전자는 자연에 의해 의욕되었고, 후자는 천재적인 인간이 가져왔다.

― 『도덕과 종교의 두 원천』, p.488

열린정의란 구체적인 법률적 조항처럼 하나하나의 의무 사항을 우리에게 요구하는 것이 아니라, 새로운 정신이나 가치를 창조하여 일종의 사회적 인격의 특성으로 굳어진 고유한 의미의 '도덕le moral'을 말한다. 그는 "규칙을 따르고 그 이상을 사는 것이 도덕적으로 사는 길이다"(『도덕과 종교의 두 원천』, p.503)라고 말하고 있는데, 자유, 평등, 연민, 인권, 노블레스 오블리주, 박애 등과 같은 정신이 모두 여기에 해당하는 것이라고 볼 수 있다. 만일 법과 규범을 따르는 것을 '윤리éthique'라고 한다면 도덕은 이러한 윤리를 포함하면서 윤리를 초월하는 것이다. 윤리가 외부에서 우리에게 의무를 부과하는 것이라면 도덕은 우리들의 양심이나 의식, 즉 우리의 내면이 우리에게 부과하는 고차원적인 의무라고 할 수 있다. 이러한 두 가지의 의무를 수행하는 것이 곧 '폐쇄된 정의'와 '개방된 정의'를 의미한다. 그리고 베르그송은 이 두 정의 사이에는 단순한 정도의 차이가 아니라, 근본적인 성질의 차이가 있다고 보고 있다.

개방된 정의와 폐쇄된 정의라는 두 정의 개념 사이에 단순

한 정도의 차이가 아니라 근본적인 성질의 차이
가 있음을 보게 될 것이다.

─ 『도덕과 종교의 두 원천』, p.502

그렇다면 무엇이 이 두 가지 정의를 구분하는 근본적인
차이인가? 그 차이는 '지능'과 '영혼', '정적인 것'과 '동적인
것', '습관적인 것'과 '창조적인 것'의 차이라고 할 수 있다. 그
리고 전자에서 후자로 나아가는 것이 '진보'이고 '발전'이며
진정한 '창조적 진화'의 모습이다. 그는 이러한 사회의 특성
을 "보다 나은 생활을 영위할 수 있는 환경, 즉 사람들이 한
번 경험해 보면 이전의 상태로 되돌아가려고 하지 않을 그러
한 사회"(『도덕과 종교의 두 원천』, p.502)라고 말하고 있다. 한 번
경험해 보면 더 이상 그 이전으로 돌아가고 싶지 않은 사회,
이러한 사회가 곧 선진화된 사회이고 진보된 사회이며, 정의
로운 사회인 것이다.

이러한 베르그송의 사유는 『창조적 진화』에서 통찰한 생
명의 진화현상을 그대로 인류의 사회적·도덕적 진보에 적용
하고 있는 셈이다.

O 왜 민주사회가 타락하게 되는가?

> 베네수엘라 같은 나라가 경제적으로 어려워진 것은 국민들이
> 국가가 제공하는 무상의 혜택들에 맛을 들여, 국가가 망가지는
> 데도 이전의 사회로 되돌아가고자 하지 않았기 때문이라고 하
> 는데요. 사실이 그렇다면 '이전으로 되돌아가고 싶지 않은
> 사회'가 곧 선진화된 사회의 기준은 아니지 않을까요?

물론 그렇다. 아르헨티나, 브라질, 베네수엘라, 필리핀 등 수많은 개발도상국들이 선진국의 반열에 들지 못하고 오히려 후진국 수준으로 추락한 경우가 많이 있다. 그 원인이, 국가가 망가지고 있는데도 대다수의 국민들이 그 이전의 상태로 복귀하려고 하지 않은 데 있는 것도 사실이다. 그런데 여기서 중요한 점은 "되돌아가고 싶지 않은 그 원인"이 무엇인가에 있다.

알코올이나 도박에 중독된 사람들은 좀처럼 중독되기 전으로 되돌아가고자 하지 않는다. 그것이 무엇이든 중독 상

태에 있는 사람들은 이전의 상태로 복귀하기가 매우 어렵다. 이와 유사하게 북한과 같이 자유가 없는 나라에서, 미국과 같은 자유로운 나라로 망명한 사람도 다시 고국으로 돌아가려고 하지 않는다. 하지만 중독된 사람이 이전의 상태로 되돌아가고자 하지 않는 것과 자유사회에 사는 사람이 폐쇄적인 고국으로 되돌아가고자 하지 않는 데에는 근본적인 차이점이 있다. 전자는 감각적 쾌락의 달콤함이나, 극복할 수 없는 육체적인 욕구 때문에 돌아가려고 하지 않는 상황이지만 ―어쩌면 불가항력적으로 얽매여 있는 경우도 있을 것이다― 후자는 도덕적인 가치감정에 따른 자발적인 지향에 의해 되돌아가지 않고자 하는 것이다. 사람들은 누구나 "고귀한 이상 앞에서 존경심을 가지고 이끌리기 때문"(『도덕과 종교의 두 원천』, p.637)이다.

국가가 망가지고 있는데도 이전으로 되돌아가고자 하지 않는다는 것은, 어떤 식으로든 국민들이 무엇인가에 중독되었음을 의미한다. 그것은 안락함, 편안함, 수월함, 감각적인 쾌락 등일 수 있다. 한마디로 말해 되돌아가고자 하지 않는 원인이 '정신적 게으름'에 있는가, 혹은 '도덕적 긍정이나 정

신적인 존중심'에 있는가에 따라서 후진사회와 선진사회로
나눌 수 있을 것이다. 아마도 베르그송은 역사의 진전에도
불구하고 이렇게 추락하고 퇴보하는 국가들은 진정한 발전
혹은 진보에 반드시 필요한 '열림'이 결여되어 있었다고 할
것이다.

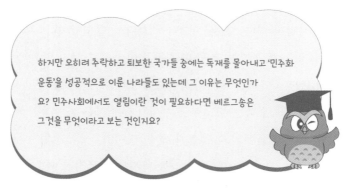

하지만 오히려 추락하고 퇴보한 국가들 중에는 독재를 몰아내고 '민주화
운동'을 성공적으로 이룬 나라들도 있는데 그 이유는 무엇인가
요? 민주사회에서도 열림이란 것이 필요하다면 베르그송은
그것을 무엇이라고 보는 것인지요?

　사실이 그렇다. 많은 나라들이 힘들게 독재자를 몰아내고
민주화에 성공을 하였지만 그 이후에 오히려 파탄의 지경에
빠지는 경우가 많았다. 그 이유는 무엇인가? 베르그송은 그
이유를 다음과 같이 설명하고 있다.

민주주의는 단순한 이상이다. 또는 인간이 가야 할 방향으로 보아야 함은 말할 필요도 없다. 처음에 민주주의가 세상에 들어왔을 때는 무엇보다도 항의의 형태였다. 인권선언의 각 구절은 남용에 대한 도전이다. (…) 사람들은 방해하고 거부하고 전복하기 위해 이 민주주의 형식들의 편리함을 발견한다. 그러나 이 형식들로부터 무엇을 해야 할 것인가에 대한 적극적인 방향 지시를 끄집어내는 일은 그리 쉽지 않다. (…) 이러한 변경은 항상 개인적 이익을 위한 방향으로 왜곡을 불러일으킬 우려가 있다.

— 『도덕과 종교의 두 원천』, p.681

우리가 자주 사용하는 용어들, '민주주의', '자유주의', '공산주의', '복지국가' 등과 같은 용어들은 사실 이상사회를 지칭하는 용어들이다. 완전한 민주주의나 완전한 공산주의는 현실에 존재할 수가 없다. 그렇기 때문에 이러한 용어들은 한 사회가 끊임없이 나아가야 할 지표이지, 현실 사회에서 완성될 수 있는 것이 아니다. 따라서 이러한 '이념'을 내세

워 권력에 저항하는 사람들은 지금 당장 이러한 사회를 형성하자고 하는 것이 아니다. 불합리하고 정의롭지 못한 권력에 대한 저항의 수단으로 '이념'을 이용하고 있는 것이 사실이다. 반면 일단 형식적으로나마 민주화가 이루어지면, 새로운 정부나 정권은 자신들이 실제로 '민주사회'를 이루었다고 쉽게 착각을 하게 된다. 그리하여 더 이상 자신들의 사회가 어디로 가야 할지 그 지표를 상실하고, 쉽게 개인적 혹은 집단적인 이익을 추구하는 데 몰두하게 되는 것이다. 즉 민주화에 성공한 사회가 오히려 몰락하게 되는 이유는 미래적 방향성의 상실에 있다고 할 수 있다.

"고여 있는 물은 썩는다"는 속담이 있다. 이 속담처럼 개인도, 사회도 끊임없이 미래를 향해 창조적 행위를 지속하지 못하면, 그 사회는 추락할 수밖에 없다. 마치 식물이 계속 자라지 못하는 현상이, 시들어 버릴 식물의 운명을 의미하듯이, 모든 사회는 추락하지 않기 위해서 자신들이 추구하는 그 이상사회를 향해 끊임없이 전진해야만 하는 것이다. 민주화를 지향하는 사회는 사회의 모든 분야에서 민주화를 지속적으로 이루어 가야 한다. 특히 권력을 가진 자나 부를 가진 자, 사회적으로 지도계층에 있는 사람들이, 끊임없이 스스로 민주시민이 되고자 애쓰지 않는다면 결국 그 사회는 관성의 법칙에 의해 다시 타락하게 되는 것이다. 따라서 민주사회를 지향하고자 하는 근원적인 힘은 사회를 넘어서는 것, 한 차원 높은 새로운 것을 낳을 수 있는 창조적인 힘이어야만 하는 것이다.

● 종교의 역할과 신비주의의 요청

그렇다면 베르그송에게 있어서 단순한 민주적인 사회를 넘어서는 것은 무엇이며, 민주사회가 지향해야 할 차원 높은 가치는 무엇이라고 보는 건가요?

'민주주의'라는 것은 사실상 사회의 형식을 말하는 것이며, 사회의 '본질'이나 '실체'를 말해 주는 용어는 아니다. 다시 말해서 민주주의란 사회를 이끌어 가는 '방법론', 즉 '국민에 의해' 혹은 '다수결에 의해' 제도나 정책이 결정되는 사회를 말하는 것이지, 그 사회가 무엇을 중시하고 무엇을 지향하는가를 말해 주는 것은 아니다. 플라톤Plato이 지적한 바 있듯이* 모든 권력이 국민으로부터 나온다고 해서 반드시 그 사회가 올바른 결정을 할 수 있는 것은 아니다. 과반수의 국민이 오류나 환상에 빠져 있다고 한다면, 민주주의는 오히려 중우정치衆愚政治로 타락하고, 경우에 따라서는 국가로 하여금 치명적인 실수를 범하게 할 수도 있다.

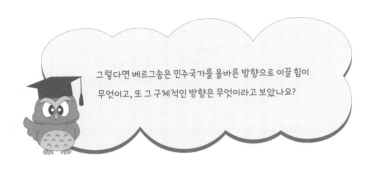

그렇다면 베르그송은 민주국가를 올바른 방향으로 이끌 힘이 무엇이고, 또 그 구체적인 방향은 무엇이라고 보았나요?

그것은 진정한 도덕을 보장해 줄 '종교적인 힘' 곧 '신비주의'였으며, 이 신비주의가 지향하는 '인류애'였다. 베르그송은 이러한 '인류애'에 기초한 사회가 곧 '신성한 사회'라고 말하고 있다.

신비주의가 도덕적인 커다란 변혁의 근원임에는 이론의 여지가 없다.

— 『도덕과 종교의 두 원천』, p.688

역사적으로 발자취를 남긴, 위대한 도덕적 인물들은 세기와 우리 인간의 도시를 뛰어넘어 서로 손을 잡는다. 이들은 우리를 들어오라고 부르는 신적인 사회를 구성한다.

(…) 우리가 살고 있는 현실적인 사회에서 우리는 사유에 의해 이상적인 사회로 옮아간다.

— 『도덕과 종교의 두 원천』, p.492

물론 베르그송이 말하고 있는 신비주의는 서구 기독교적 전통의 신비주의겠지만 이는 모든 종교에서 나타날 수 있고 또 그래야만 하는 신비주의다. 그는 종교가 있기 전부터 신비주의가 있었고, 종교가 여기에서 나온 신성한 체험의 파편들을 통해 대중을 위한 일종의 규범을 만든 것으로 이해하고 있다.

 우리는 종교를, 이렇듯 신비주의가 연소되어 인간의 영혼에 저장되어 있던 바가, 뛰어난 냉각작용에 의해 결정화된 것이라고 생각한다. (…) 종교와 신비주의의 관계는 통속화와 과학의 관계와 같다.

— 『도덕과 종교의 두 원천』, p.641

역사에서 신비가들은 극소수의 사람들이었고, 이들은 일종의 종교적 천재들이었다고 할 수 있다. 이들의 체험은 일반적인 도덕규범이 상상할 수 없었던 '인류애(형제애)'와 '신적 사랑'을 이 세상에 가져왔고, 이는 인류의 미래를 향한 창조적 진화에 놀라운 도약을 가져왔다. 이들이 말하는 사랑은 더 이상 세상 사람들이 말하는 사랑이 아니었으며, 이를 무한히 넘어서고 있다.

> 인류에 대한 신비가의 사랑은 전혀 다르다. 그 사랑의 감정은 본능의 연장이 아니며 관념에서 비롯되지도 않는다. 그 감정은 감각적이지도 이성적이지도 않다. 그 신비가의 인류애는 감각과 이성을 함축적으로 가지고 있으나 훨씬 효과적인 것이다. 왜냐하면 그러한 사랑은 다른 모든 것들의 근원에 있듯이 감성과 이성의 근원에도 있기 때문이다. (…) 그러한 사랑은, 하느님의 도움으로 인간 種의 창조를 완성하고….
>
> — 『도덕과 종교의 두 원천』, p.638

베르그송이 말하고 있는 인류애 혹은 형제애는 '세계화'라는 말이 실제적인 의미를 가지기 위해서 필요 불가결한 요소라고 말할 수 있다. 서로 사랑하지 않는 사람들이 모여서 진정한 가족을 이룰 수가 없듯이, 세계가 한 가족처럼 되기 위한 전제조건은 곧 '인류애'인 것이다.

　오늘날의 세계정세는 미국을 중심으로 '자유시장경제'에 기초한 '자유사회'와, '유럽연합'을 중심으로 '평등'에 기초한 '복지사회'가 큰 흐름을 이루고 있다. 이들은 각기 '자유'와 '평등'을 그 모토로 내세우고 있지만, 자주 이 두 개념은 충돌과 모순을 일으킨다. 사람들은 두 개의 사회 중 어느 곳으로 향할 것인지를 묻고 선택을 강요하기도 한다. 하지만 베르그송의 해법은 어느 한 곳으로 치우치거나 둘 중 하나를 선택하는 것에 있는 것이 아니라, '자유와 평등' 모두를 포괄하면서 충돌과 모순을 해결할 수 있는 '인류애'라는 개념을 낳는데에 있다.

　'인류애', '박애', '아가페'는 종교의 전유물이 아니라, 미래를 향한 모든 국가들이 지향해야 할 지표라고 보는 것이 베르그송의 도덕적 결론이다. 그리고 이러한 새로운 도덕을 구체적이고 현실적인 사회적 풍토로 실현하는 데 가장 잘 기여할 수 있는 것이 종교이며, 이것이 종교의 신성한 사명이라고 생각한다. 베르그송은 인류의 창조적인 진화가 지구상에서 마침내 전쟁을 없앨 것이며, 그 중심에는 신비주의에서 비롯된 '생명의 충만함'이 있다고 보는 것이다.

루소가 국민이 주인인 진정한 '공화국'에 대한 비전을 제시하였다면, 베르그송은 '인류애'를 바탕으로 지구상의 모든 민족을 하나의 가족으로 묶어 주는 일종의 '정신적인 공동체'에 대한 비전을 제시했다고 할 수 있다. 이러한 정신적인 공동체는 구체적인 정치적 체제를 가정하지 않는다. 정치적이고 영토적인 의미의 통일이 아니라, 동일한 가치, 동일한 이상, 동일한 미래를 향한 열정으로 뭉친 '영적인 공동체'라고 할 수 있다. 물론 우리는 베르그송이 이상 속에서만 가능한, 현실적으로는 실현이 불가능한 사회를 주장하고 있다고 비판할 수 있다. 하지만 이상이란 지표이고 목표다. 지표나 목표가 없다면 발전이나 진보도 없을 것이다. 그리고 베르그송은, 이처럼 지표나 목표를 정하고 실현할 가능성을 창조할 수 있는 것이 오직 인간의 자유, 창조적 자유뿐이라고 할 것이다.

2차 세계대전의 불안한 전운을 감지한 베르그송은 "모든 인류가 동일한 부모라고 생각하는 하나의 신, 진화의 종착점인 '신성한 세계'라는 이념 아래서 모든 민족을 형제라고 생각할 수 있게 만드는 그 이념만이 인류의 불행을 방지할 수 있다"라고 외친 듯하다. 그리고 그의 외침은 기아와 가난, 이념전쟁과 무역전쟁, 환경의 파괴와 이상기후 그리고 온갖 질병과 정치적 위기상황을 겪고 있는 오늘날에도 여전히 울리고 있다.

인용문 출처

Essai sur les données immédiates de la conscience, Paris,
    PUF, 1889.

Le rire, Paris, PUF, 1900.

L'évolution créatrice, Paris, Alcan, 1914.

La Pensée et le mouvant, Paris, PUF, 1955.

L'énergie spirituelle, Paris, PUF, 1966.

Matière et mémoire, Paris, PUF, 1990.

'편하게 만나는 프랑스 철학' 제3편 『베르그송과의 1시간』을 저술하면서 어떤 주제들에 초점을 맞추고 또 어떤 내용들을 선별해야 할 것인지 고민하지 않을 수 없었다. 그만큼 베르그송의 사상은 1시간 만에 이야기하기에는 너무나 방대하고 풍부한 내용을 담고 있기 때문이다.

　특히 철학자 레비나스Emmanuel Levinas가 철학 역사상 '가장 아름다운 책'이라고 칭찬을 아끼지 않았던 『의식에 직접 주어진 것에 관한 논고』와 노벨문학상 수상작인 『창조적 진화』는 전문성에 있어서 타의 추종을 불허하고 내용 또한 매우 포괄적이어서 그의 사상을 간단하게 이야기한다는 것은 쉬운 일이 아니다.

　그래서 가급적 현대인들, 특히 오늘날의 한국인들이 관심을 가지고 공감을 가질 만한 내용을 중심으로 전개하였다. '과학과 철학', '자유', '화합', '생명', '진화', '평화', '미래', 이런 주제들은 모든 시대, 모든 사회가 관심을 가질 수밖에 없는 주제들이지만, 어쩌면 오늘날 한국사회가 가장 절박하게 필요로 하는 주제일 것이다.

베르그송은 '생철학자', '과학철학자', '형이상학자' 등으로 알려져 있다. 프랑스 철학자로서 그가 남긴 유산은 '과학과 형이상학의 일치', 즉 형이상학적인 사유를 과학적 탐구의 한가운데로 데리고 와서 진리를 보여 줄 수 있는 과학적 사유를 형성하고자 했다는 사실에 있을 것이다. 그 결실이 바로 『창조적 진화』라고 할 수 있다.

그는 진정한 과학철학자와 형이상학자의 면모를 동시에 보여 준, 철학사에 있어 보기 드문 철학자이지만, 어쩌면 그가 궁극적으로 지향했던 것은 '도덕', 그것도 '모든 인류를 위한 도덕'이었다고 할 수가 있다. 즉 그가 연구하고 저술했던 모든 것은 인류가 가지고 살아갈 수 있는 '지표' 혹은 '목표'를 제시하기 위한 것이라고도 할 수 있다. 이를 위해 그는 『도덕과 종교의 두 원천』을 저술하였고, 세계의 평화를 위한 다양한 정치적 활동도 마다하지 않았다. 이러한 의미에서 그는 참으로 행동하는 사상가였다고 볼 수 있을 것이다.

모호하고 혼란하기만 한 현대를 지나는 한국의 상황 속에

서, 베르그송의 사유가 사람들에게 작지만 유용한 지혜를 줄
수 있기를 희망해 본다.

2020년 초여름에

아라동 연구실에서, 저자

O 베르그송 연보

1859년   파리의 유대인 부모 아래서 4남 3녀 중 둘째로 성장.

1868년   〈콩도르세 고등학교〉에 입학. 전국학력 경시대회 수학분야에서 「파
         스칼의 세 개의 원에 관한 풀이」로 전국 1위 입상, 본 주제는 1877년
         『신수학연감』에 게재됨.

1878년   〈에콜 노르말 슈페리외(파리 고등사범학교)〉에 입학, 철학을 전공으로
         선택함.

1881년   교수자격 국가시험에 합격. 1896년까지 여러 고등학교에서 교사직
         수행.

1889년   『의식에 직접 주어진 것에 관한 논고』로 철학박사 학위 취득, 아르캉
         출판사에서 출간.

1896년   『물질과 기억』 출간.

1897년   〈콜레주 드 프랑스〉의 강사로 임용.

1898년   〈에콜 노르말 슈페리외〉의 강사로 임용.

1900년   〈콜레주 드 프랑스〉의 교수직 임명, 『웃음』 출간.

1901년   〈도덕·정치 아카데미〉 회원으로 선출.

1907년   『창조적 진화』 출간.

1911년   〈옥스퍼드 대학〉에서 '명예과학박사 학위' 수여.

1913년   〈런던 심령연구회〉 회장으로 추대.

1919년   레지옹 도뇌르 3등 훈장 수훈, 『정신적 에너지』 출간.

1922년   〈국제지적협력위원회(유네스코의 모체)〉의 초대회장으로 선출됨, 『지
         속과 동시성』 출간.

1923년   레지옹 도뇌르 2등 훈장 수훈.

1928년   노벨문학상 수상.

1930년   레지옹 도뇌르 대십자훈장 수훈.

1932년   『도덕과 종교의 두 원천』 출간.

1934년   논문집 『사유와 운동』 출간.

1941년   파리의 자택에서 임종.

1978년   '판테온 사원' 묘지로 이장.